KB023316

世界山岳
名著選11

世界山岳
名著選11

모험으로의 출발

라인홀트 메스너
김성진 옮김

秀文出版社

世界山岳
名著選 11

모험으로의 출발 • 차례

모험으로의 출발에 앞서

나는 부모와 친구들의 모든 만류를 뿌리치고 등산가가 되었으며 나중에는 모험가가 되었다. 이 모험가라는 말도 오늘날에 와서는 잘못 된 뜻으로 생각하는 경향이 있다. 왜냐하면 이 말에는 당연히 수반하게 되는 불확실성이라는 것이 없어졌기 때문이다.

말하자면 모든 관점에서 볼 때 모험이라는 세계에 속하고 있는 불확실성이 없어져가기 때문이다.

모험가는 직업이 아니다. 오히려 하나의 상태라고 말할 수 있을 것이다. 모험으로는 생계를 유지해 나갈 수가 없다. 아직은 어린 소년시절이었으나 어느 정도 자라자 아버지는 이 점에 대해서 자상하게 설명해 주었던 것이다.

눈사태가 일어나서 베이스 캠프를 송두리째 부수어 버린다. 혹은 몬순이 생각보다 일찍 몰아닥친다. 그래서 할 수 없이 원정을 중단할 수밖에 없다.

거기에는 사나운 격류가 있으며 크레바스가 있다. 언제 그 속에 추락할지 모를 일이다. 자기 힘으로 탈출할 수 있다 하더라도 가지고 있던 물건들은 잃어버리고 말 것이다. 이러한 사항도 선배들이 이야기해준 것들이다.

이윽고 나는 강연자가 되고 저술가가 되었다. 모험에 필요한 돈을 벌기 위해서였고 되도록이면 자유롭게 지낼 수 있기 위해서였다. 나는 연중 6개월은 일을 하고 6개월은 모험길에 나섰다.

그리하여 하나의 모험이 그 다음의 모험을 가능하게 해 주었다. 이렇게 함으로써 나는 잘 살아갈 수 있는 것이다. 그러나 때때로 큰 원정을 나서려면 원정을 떠나기 전부터 검소한 생활을 꾸려가지 않으면 안 된다. 원정을 떠나게 되는 날이면 아무것도 남지 않는다. 물론 아무것도 남지 않는다는 것은 당연한 일이겠지만 애초부터 나는 부자가 되려고는 생각하지 않았다.

그리하여 나는 오랫동안 검소한 생활을 해왔으며 여러 차례 동상에 걸리고 의식을 잃어버린 상태에 이를 정도로 갖은 고통을 겪었으며 마침내는 발가락마저 절단을 하게된 것이다.

그러나 그러한 길을 체험하며 그런 곳에 다녀오기 위해서는 어려운 고통을 겪고 이겨나가야 했으며 이것은 역시 보람있는 일이었다. 나는 크고 고요한 산이라면 어떤 산이라도 좋아한다.

그리고 매일 매시간마다 위험이 잔뜩 도사리고 있다 하더라도 그러한 산에서라면 마음이 편하게 느껴진다. 예를 들면 마나슬루에서 하룻밤 사이에 열다섯 사람이 죽었으며 우리도 텐트를 잃어버리고 아무런 보호책도 없이 입은 그대로 탈출한 적이 있다. 로체에서는 눈사태가 베이스 캠프를 송두리째 앗아가고 우리는 그 속에 파묻힌 적이 있다. 다울라기리 남벽의 기슭에서는 어느 정도 안전한 등반루트를 찾기 위하여 몇 주간이고 계속 버티고 있었다. 그러나 결국 오를 수 있는 루트를 발견하지 못했었다.

우연히도 병에 걸린 몸으로 새로운 모험을 시도하고 헤아릴 수 없는 위험이 가는 길에 도사리고 있다는 것을 생각하면 마치 사나운 맹견에게 위협을 받을 때처럼 불안한 마음을 떨쳐버릴 수가 없다. 그러나 어쩔 수 없는 일이었다.

내가 지금까지 극복해온 길을 생각할 때 만일 신중을 기하지 않았었다면 아마도 지금껏 목숨을 부지할 수 없었으리라. 이와같을진대 어쩌서 앞으로의 모험을 미리부터 내다볼 수 있어야 하는 것일까? 어쩌면 나도 별 수 없이 언젠가는 정말 영영 돌아올 수 없는 몸이 되고 말지도 모른다.

그러나 또 어쩌면 언제나 와 다름없이 앞으로도 곤란을 극복해 나갈 수 있을지도 모른다.

라인홀트 메스너

그의 등산가로서의 삶은 오늘에 이르기까지도 최상급의 등반으로 점철된 비길 데 없는 역사이다. 거의 모든 거대한 알프스의 암벽을 라인홀트도 대부분 정말 상상할 수 없을 정도의 짧은 기간에 완등했다. 그가 오른 초등정의 루트는 아직도 제2등자를 기다리고 있다.

이 지구상의 모든 대륙에서 그는 등산가로서의 훌륭한 연기를 멋지게 해냈다.

낭가파르바트의 루팔 벽,

4,500미터 높이의 바위와 얼음의 벽,

세계 최고의 벽,

그는 그의 동생 귄터와 함께 이 벽을 오르고, 디아미르 벽 너머로 내려왔다.

이리하여 그때까지 한번도 계획된 적이 없는 8,000미터 봉의 횡단을 처음으로 성공했다. 그러나 그 때문에 치른 희생은 말할 수 없이 컸다. 귄터는 영영 돌아오지 않았다. 그러나 우리가 라인홀트를 다시 만날 수 있었던 것은 억누를

수 없는 그의 강렬한 의지 때문일 것이다. 그당시에는 모두
라인홀트 메스너는 이제 등산가로서 제대로 해낼 수 없을
거라고 말했다. 그런데 또 다시 그의 의지와 엄청난 자기자
신에 대한 가혹스러운 단련으로, 메스너는 발 때문에 시달린
고통에도 불구하고 가장 훌륭한 등반을 실현한 것이다. 이어
서 마나슬루를 올랐다. 이 벽은 노련한 전문가들 사이에서도
히말라야에서 가장 어려운 암벽으로 경탄을 받고있을 만큼
평가되고 있다. 나아가 아콩가구아, 카르스텐스의 침봉, 기타
세계의 수많은 산과 산에서 시등과 완등을 이룩하였으며,
또한 아무도 모르는 사이에 고향의 여러 산에서도 등반을
계속해 왔었다.

　라인홀트 메스너는 세 개의 8,000미터 봉의 모든 정상에
도달한 최초의 인간이다. 이들 등반이 산소호흡기를 쓰지
않고 이루어졌다는 것은 산에 대한 그의 올바른 태도와 일치
하며 그의 업적을 더욱 빛나게 하고 있다.

　뿐더러 후에 분명히 밝혀두어야 할 것은 메스너에게는
등행마다 언제나 정상보다도 루트와 암벽 그 자체가 더 중요
했다는 점이다. 만일 메스너가 어떻게든 다른 사람들의 기록
을 깨뜨리려고 생각했다면 사실상 초등정의 영예를 보다
일찍이 보다 힘들이지 않고 쉽게 손아귀에 넣을 수 있었을
것이다.

　하지만 그는 그런 짓을 하지 않고 언제나 새로운 암벽,
새로운 루트에 자기 이름을 적어 나갔다는 것은 그의 수수한

마음가짐의 발로일 것이다. 메스너 자신은 알피니즘의 역사란 결코 대중의 역사가 아니며 그 시대마다의 첨단을 걷는 톱 알피니스트들의 역사라는 의견을 피력하고 있다.

메스너와 페터 하벨러는 알프스의 등반 스타일을 히말라야의 가장 어려운 암벽에 가지고 가서 이 세상의 대암벽과 대결하기 위한 투쟁에 하나의 문을 열어주게 된 것이다.

이 계획에 의문을 품은 사람은 적지 않았다. 그러나 그들이 세운 명제의 정당성은 성공으로써 입증되었다. 이제 새로운 세대의 알피니스트들이 나올 것이다. 그리고 그 새로운 알피니스트들이 두 사람의 뒤를 이어갈 것이다.

메스너와같이 강철처럼 단련된 몸, 정신, 그리고 고도의 지성이 있으면 그와 같은 업적을 실현할 수 있으리라고 예언한 것은 다름 아닌 발터 보나티였다.

보나티는 그의 마지막 저서 「대산행의 날들」에서 다음과 같은 헌사를 곁들여 기술했었다.

"위대하며 고전적인 알피니즘의 마지막 희망인 라인홀트 메스너를 위하여!" 과연 보나티가 말한 대로였다. 라인홀트 메스너가 쓴 책이나 출판된 여러 문헌에서 암시하고 있는 그후의 발전은 그가 말하는 의미에서만 있을 수 있는 일이었다. 그리하여 최근 10년간의 등산에 메스너의 이름이 새겨진 것이다.

그는 산악서적에서 지금까지 스스로 귀감으로 여겨졌던 모든 등산가의 이름 옆에 자기의 자리를 발견할 수 있게 되었던 것이다. 이 세상에서 가장 아름답고 가장 위대하며 제일 높은 산이라도 결국 죽은 물질이다. 인간이 이것을 이용하는 것이다. 인간은 이 세계 안으로 들어간다. 왜냐하면 인간은 이 위대함 속에서, 이 창조의 근원 속에서 자기실현을 할 수 있기 때문이다.

또한 인간이 인간이라는 존재의 본질을 여기에서 발견하기 때문이다. 이러한 본질적인 것은 승리나 패배의 수(數)라는 계산 속에 속하는 것이 아니다.

그 본질적인 것은 우리를 산으로 향하게 하는 마음가짐, 그리고 그 동기 안에 존재하고 있는 것이다.

말하자면 이것은 산이 우리를 신(神)의 가까이까지 데리고 가 준다는 뜻이다. 그러면서도 산은 또한 우리를 인간에게 가까이 데리고 가준다. 산을 향하여 오래도록 계속 오르는 사람은 현명해지고 겸손해지며 또한 겸허해지는 법이다. 투쟁 또는 승부, 그리고 산에는 고독이 있다. 거기에는 또한 암벽이 있다.

그리고 자기의 능력만을 의지하는 인간이 있다. 산에는 박수갈채도, 휘파람을 불어주는 군중도, 소리높이 노래를 불러주는 대중도 없다. 휘파람을 불어주고 박수를 쳐주는 것이라곤 기껏해야 낙석 정도일 뿐이다. 폭포 같은 비, 노호하는 폭풍, 소리없이 떨어지는 눈송이, 그러나 또 찌는 듯이 뜨거운 태양의 햇살 속에서 인간은 자기의 길을 찾아간다. 거기에서는 흔히 목마름과 굶주림이 인간을 괴롭힌다.

그럼에도 불구하고 인간은 단 하나밖에 남지 않은 한 알의 사과를 친구와 함께 나눠먹으며 마지막의 모든 것을 친구를 위하여 바칠 각오가 되어있는 것이다.

라인홀트 메스너는 그러한 경우를 잘 알고 있는 사나이다. 그는 얼어붙어가며 총총한 별하늘 아래에서 지냈던 수많은 밤에 자주 겪었던 체험을 가슴깊이 되새기곤 한다. 그래서 산의 고독과 친숙해질 수 있는 사나이다.

산에서의 성공과 그것을 주제로 한 출판물로 메스너는 관심의 표적이 되었다. 알피니즘에 관하여 논할 때 이제 그 누구도 메스너라는 인간을 그대로 지나쳐 버릴 수는 없을 것이다. 메스너는 오늘날 등산을 하는 젊은 세대의 우상이다. 이 젊은 세대는 그의 행위와 실행을 따라서 자신들의 행동을 정하고 있으며 메스너의 의견이 그들의 생각의 일부가 될 것이다.

그들은 또한 메스너의 이념에 따르려 할 것이다. 그가 좋은 모범을 보여주면 자극적인 효과를 미칠 것이며, 그가 여의치 않아 실패하면 젊은 세대의 눈에는 그를 대신하여 자기들이 그와 같은 일을 해도 된다는 허가증을 얻은 것처럼 인정받게 되는 것으로 비쳐질 것이다.

메스너가 이러한 책임을 스스로 인식하고 있다는 것을 알고 있으므로 우리는 안심할 수 있을 것이다. 그의 행동과 생각을 귀감삼아 이 나라의 젊은이들이 더욱 더 산에서 행복을 추구한다면 이제 우리는 앞으로의 우리 젊은이들을 걱정할 필요가 없을 것이다.

　　　　　－히든 피크에서 귀국했을 때 루이스 폰 메츠의 환영사－

모험으로의 출발

마나슬루의 베이스 캠프에서
1972년 3월 28일

정상으로 가는 루트는 아직 열리지 않았다. 지상에서 일곱 번째로 높은 이 산의 중간쯤 되는 남사면(南斜面)의 암벽 한가운데에서 팡크하우저와 나는 이틀 전에, 지금까지 한 번도 본 적이 없는 그러한 얼음 미로에 마주치고 말았다.

우리는 훨씬 아래쪽에 있는 등반로 입구부터 얼마 안 되는 거리를 오른 지점에서 암벽 좌우로 스쳐 떨어져 내려오는 얼음사태에 얻어맞지 않도록, 서둘러 수직 측릉(側稜)을 재빨리 넘어서야 했다. 지금 우리 모두는 다음 활동을 위하여 베이스 캠프에서 쉬고 있다.

그리고 모레 다시 출발할 예정이다. 나는 정상 공격을 꼭 다시 한 번 시도하고 싶었다. 불확실한 것은 무슨 일이 있어도 확실하게 해둘 필요가 있는 법이다. 할 수 있는지 없는지 확인해 보지 않으면 안 된다. 그렇다고 해서 그대는

달리 걱정할 필요는 없다. 나는 맹목적으로, 무턱대고 덤비는
무모한 사나이는 아니다. 나는 객관적으로 위험한 루트를
좋아하지 않는다. 나는 농부가 되었을지도 모를 일이며, 또
엔지니어가 되었을지도 모른다. 이처럼 나는 등산가가 될
수 있었던 것이다.

나는 나의 본능과 경험에 따라서 루트를 찾는다. 그리고
찾은 루트를 나의 힘과 정열 그리고 의지로 올라가는 것이
다. 그러나 나는 산에서 뿐만 아니라 많은 다른 분야에서도
모험자처럼 미지의 세계와 과감하게 맞붙어 싸우지 않으면
안 된다고 믿는다.

나의 행동의 원동력은 원래 불확실한 세계에서 비롯되었
다. 이런 생각을 갖는 까닭은 만일 처음부터 성과가 뚜렷하
다고 생각되는 경우에도 원정 목표에 전력을 투입할 기분이
나지 않기 때문이다.

그것은 처음으로 나의 힘으로 혼자 등반한 돌로미테에서
도, 훗날 동부 알프스나 서부 알프스에서 행한 대산행의
초등반에서도 그러했으며, 지금도 나의 능력과 경험에 따라
서 안데스 산맥, 히말라야와 남태평양의 정글에서도 나는
목표를 추구하고 있는 것이다.

그러므로 나의 가장 소중한 추억으로 남는 것은 등반시작
에서 정상에 이르기까지 불확실한 미지의 세계 속에서 쉴

네팔 마나슬루의 베이스 캠프

새없이 아슬아슬한 장면을 숨가쁘게 오르는 등반이다. 이렇
게 보면, 모든 등반 하나하나가 모험을 위한 출발이라고
말할 수 있다.

이전의 원정에서 우선 제일의 목적은 정찰과 루트 발견이
었고, 그 목적을 달성하기 위하여 어쩔 수 없이 모험을 주된
목적으로 삼았다. 이 모험의 즐거움이야말로 인간의 어딘가
에 숨어 있는 원초(原初)에서의 충동이라고 말할 수 있을
것이다. 빙하의 단애와 원시림, 오버행을 이룬 암벽, 끝을
알 수 없는 깊숙한 얼음산에 의해 외부에서 멀리 떨어져있는
산길이 비길 데 없는 하나의 무대가 되었다. 이 무대에서는
꿈의 발견도, 인간의 불안과 고난도, 모두 근원적 형태로
나타난다.

생각해보면 인류의 역사적 발전이라는 것은 끊임없이 되풀
이되는 것이리라. 며칠 전, 겨우 해발 6,000미터 지점에서
나는 더위가 무엇인지를 체험하고 있었다. 하늘에서, 빙하에
서 그리고 마나슬루 남벽의 한가운데에 있는 카르(Kar)를
둘러싼 빙탑에서 태양이 비치고 있었다. 목마름도 배고픔과
더위와 추위도 이 산 위에서는 또다시 원초적인 개념으로
되는 것이다.

나는 낭가파르바트에서 인간이 먹을 것, 마실 것이라고는
전혀 없이 지칠 대로 지쳐버렸다 하여도 자신이 체념하지
않는 한, 며칠간을 계속해서 더 걸어갈 수 있다는 것을 배웠
다. 뉴기니아의 식인종 사이에서는 원주민과는 총을 사용하

지 않는 편이 보다 더 교섭을 잘 할 수 있다는 확신도 가졌었다.

그리고 남미 인디오의 경우에서 유럽 사람들이 이미 몇십년 이래 잊어버렸던 저 원초적인 생활을 다시 발견했다. 내가 행한 모든 산행, 원정, 탐험여행에서 처음에는 확실하게 알지 못했을지 모르나, 우리들이 날마다 보내고 맞이하는 생활양식이 당연한 것이 아니라는 것, 우리들의 생활 양식은 여러가지 생활 형태 가운데 하나에 지나지 않는다는 것을 나는 체험했다.

그래서 나는 필요하다면 이 기술시대의 생활을 쾌적하게 하는 모든 근대적 성과를 쓰지 않고서도 해나갈 수 있다는 자신을 얻었던 것이다.

그러나 무엇보다도 내가 배운 것은 이 세상에서 무엇이 소중하며, 무엇이 소중하지 않은가를 구별하는 것이었다.

소중한 것은 때로는 두 손바닥에 채운 물이며, 또 때때로 안전한 장소에 설치한 비박지, 한 권의 책, 사람과 사람의 솔직한 대화였다고 생각한다.

빌네스

"만일 깊은 마음 속에서 파라다이스를 믿거나, 혹은
기대한다면 빌네스야말로 파라다이스다. 그곳에는
온갖 색채가 빛나고, 공기는 수정처럼 맑으며 물은
깨끗하고 맛이 좋다. 새벽에는 닭이 우는 소리와
밤에는 어디선가 개 짖는 소리가 귓가에 들려온
다. 교회의 탑시계는 일정한 간격을 두고 시간을
알린다……
　눈과 마음은 녹색의 초원에서 평온함을 발견한
다. 가이슬러슈피체의 거대한 연봉은 도전이라도
하듯 다가오고 있는데, 동시에 우리들의 가슴 속에
고층건물과 고속도로에 의해서 파괴되었던 저 조화
를 또다시 불러일으켜 준다. 이곳은 모든 것이 평화
롭고 아주 소박하며 또한 풍요로움으로 누구나
뜻밖의 만족을 느끼는 곳이다."
─빌네스에 있는 성(聖) 막달레나 마을에 대한 에마
누엘 카사라의 말

　우리집은 마을 길가에 있다. 흔한 다른 집들과 같은 집이
며, 지붕은 붉은 기와를 이고, 굴뚝은 하나, 거기에 네모진
반암(斑岩)을 쌓아올린 계단이 있으며, 여름이면 동편에
야생하는 포도나무 줄기가 무성하게 자라는 어디서나 볼
수 있는 집이었다. 계단 아래쪽에 있는 돌담은 4미터가 될까
말까한 높이였는데, 이 돌담을 기어오르며 놀고 있으면 아버

지는 항상 우리를 꾸짖었다. 그래서 우리는 가까운 농장에 들어가서 놀거나, 나뭇가지에 올라가 숨거나, 교회의 탑문이 이따금씩 열려있을 때는 종루(鐘樓)까지 올라가 놀곤 했다. 종루에서는 성 막달레나 마을을 한눈에 바라볼 수가 있었다. 아주 깊숙이 들어간 이 산마을에서 할아버지와 할머니가 살았으며 여름철에는 우리도 그곳에서 지냈다.

아버지는 여름철이 되면 이따금 그슈마겐하르트에 있는 고원목장의 산장을 빌려서 어머니와 함께 지냈다.

가을이면 아버지는 커다란 자루에 잣나무 열매를 가득 채워 가져왔으며, 가이슬러슈피체의 산군이나 미탁스샤르테나 푸에즈 카르에서 서식하는 알프스 영양들의 이야기를 들려 주었다.

골짜기에 사는 농부들은 부지런한 사람들이다. 끈기있는 사람들로 밭일을 할 때는 두 마리의 말과 아이들에게 의지할 뿐이다. 크고 훌륭한 농가는 별로 없지만 햇볕이 잘 드는 비탈에는 가난한 농부와 중산급의 농부가 밭갈이를 하고 있다. 골짜기의 밑바닥에는 하루벌이의 구차스러운 농가가 몇 채 있다. 밭들은 훨씬 위쪽의 산허리까지 펼쳐져있는데 대부분이 마르고 보잘것 없는 땅이다. 수풀이 끝나는 경계에서 위쪽은 군데군데 고원목장으로 이용되고, 다시 그 상부쪽으로 가면 갑자기 가이슬러슈피체의 침봉들이 솟아나고, 깊숙한 계곡의 안쪽이 황량한 가운데 조화를 이루면서 외계와 차단되어 있다.

농부들의 이야기를 듣고 있으면 그들은 경치보다 밭이나 가축의 일에 더 마음을 빼앗기고 있다는 것을 알 수 있었다. 농부들은 하이킹이나 등산을 위하여 빌네스를 찾아오는 도시 사람들의 기분을 이해하지 못했다.

농부들은 나름대로 자기생활을 가지고 있으며, 그들은 그것으로 만족하고 있다. 휴가로 돈을 쓰고 싶을 때는 도시로 여행을 떠나거나, 또는 바닷가로 떠난다.

아직 학교에 들어가기 전이었다. 부모님은 난생 처음으로 나를 그슈마겐하르트의 고원목장으로 데리고 갔다. 형 헬무트와 나는 아버지의 뒤를 따라가며 차도가 끝나는 지점에서 가느다랗게 가파른 산길이 시작되는 곳에서 우리는 처음으로 쉬었다.

아버지가 나무딸기를 따고 있는 동안 나는 어머니께 앞으로 얼마나 가야 하느냐고 물었다. 나는 몹시 지쳐 있었던 것이다. 등산로는 꼬불꼬불 굽이 돌아 이윽고 나무를 모두 베어내어 벌거숭이가 된 넓은 임지(林地)로 이어졌는데, 우리는 이곳을 지나 위쪽으로 뻗어 있는 다른 등산길을 가로지르고 나무뿌리와 암괴를 넘어 올라갔다.

군데군데 잣나무 사이로 독일 가문비나무가 서 있었다. 그리고 훨씬 위쪽에는 석남화(石南花)도 피어있었다. 이윽고 교목림(喬木林)에서 앞이 밝게 트인 고원목장에 발을 들여놓았을 때 가이슬러슈피체의 침봉이 너무나 가까이 눈앞에 솟아있어 마치 망원경을 들여다 보고 끌어 모아 놓은 것처럼

보여 회색의 카르에서 놀라리만치 거대한 몰골을 하고 위압
하듯 솟아있었다.

그때까지 나는 그처럼 웅장한 장면을 일찍이 본 적이 없었
다. 산장은 두 개의 암괴와 잣나무의 숲 사이에 서 있었다.
아버지는 덧문을 열고 물을 가지러 나가셨다. 헬무트와 나는
이날 중으로 조부모님이 계시는 댁에 가기로 되어있었다.
그런데 처음 쉬었던 장소에 석유등을 놓고왔기 때문에 2,
3일 그슈마겐하르트에서 휴가를 보낼 수 있는 기회가 우리에
게 주어졌던 것이다.

"너희들이 램프를 가져온다면 여기에 머물러도 좋아!"라
고 아버지는 말했다. 그리고 문지방을 넘으려고 할 때,

"조심해야 한다. 가로지를 갈림길이 네 군데나 있다. 바삐
서둘러라. 곧 밤이 될 테니까!"라고 덧붙여 말했다.

우리는 어느새 초원을 넘고 내리막길을 달려 산길을 내려
갔다. 애써 오르던 고생을 몽땅 잊어버렸으며 이제 피로
따위는 다 사라졌다. 숲속에서 미끄러지기 일쑤였고, 산길은
가끔 알아볼 수 없었다. 아버지 뒤를 따라 올라갔기 때문에
길이 간단명료했는데, 그놈의 길이 별안간 새로워져 알 수
없는 얼굴을 하고 있었다. 조금 전만 해도 틀림없다고 생각
했는데, 우리만 남게 된 지금은 갈림길이 나올 때마다 함정
에 빠져드는 것 같았다. 경험이 풍부한 등산가라면 숲속에서
언제나 올바른 길을 찾을 수 있다. 하지만 우리는 이때 난생
처음 우리끼리 길을 찾아야 했다.

부스럭 소리가 날 때마다 그 뒤에 노루라도 숨어있는 것이 아닌가 생각하고, 길모퉁이에 이를 때마다 수수께끼를 풀어야 하지 않을까 생각했다. 벌채를 해서 생긴 숲길에서 숲길로, 나무에서 나무로 우리는 손으로 더듬어 가면서 아래로 내려갔다. 마침내 가까스로 램프를 찾았을 때 순진한 어린이다운 뿌듯함이 우리들의 가슴 속을 채우고 있었다.

이래서 우리는 2, 3일을 그슈마겐하르트에서 지낼 수 있었다. 이윽고 우리는 가이슬러슈피체의 여러 침봉의 여름도 알게 되었다. 훨씬 오른쪽에는 클라이네페르메다, 그로세페르메다, 빌네서투름, 오들라… 이것이 작은 가이슬러 산군이며, 그 사이에 미탁스샤르테의 잘록하고 좁은 협곡이 있고 주산군(主山群)에서 깎여 떨어져 있다. 규모가 큰 쪽에는 폭이 넓은 자스리가이스가 있는데, 높이는 3,000 미터를 넘는다. 그 왼쪽에는 아름답고 길쭉한 푸르체타가 서있다.

높이는 비슷했다. 이어 바서슈툴, 바서코펠, 그리고 캄필러투름이 나란히 솟아있다. 눈앞에 펼쳐진 모든 산봉우리를 오른 아버지가 들려준 여러가지 이야기를 나는 머리속에 떠올렸다. 마침내 우리는 함께 떠기로 한 날이 되어 새벽 5시에 일어났다. 후터분한 건초더미 속에서 기어나온 나는 두꺼운 헛간문을 밀어젖혔다. 하늘에는 아직도 별빛이 반짝이고 있었다.

나는 서둘러 떠날 채비를 하였다. 반 시간 후 우리는 초원을 넘고, 숲의 가장자리를 향해서 올라갔다. 노랗게 시든

풀잎에는 서리가 내려있었다. 잣나무숲이 어두컴컴한 검은
덤불처럼 밝은 가운데에서 떠올랐다. 빨간 작은 점이 시야에
들어왔는데 등산로 입구라는 것을 알았다. 이 등산로 입구는
속칭 음모의 길로 이어져 있다.

　때마침 태양이 떠오르며 푸르체타의 북릉을 내리비치고
있었다. 이 광경은 마치 두 개의 세계 사이에 드리운 절벽
같은 가이슬러슈피체의 산군이, 거대한 커튼처럼 생각되는
인상을 일깨워 주었다. 공기는 맑고 한기(寒氣) 때문인지
투명했다. 팔랑거리는 소리마저 멀리까지 들리므로 속삭일
때는 자기도 모르게 목소리를 낮게 낼 정도였다.

　바이스브룬에서 아버지는 수통에 물을 채웠다. 길은 작은
소나무숲을 지나 꼬불꼬불 굽이치고 마지막 목초지를 통과하
고, 비바람에 부스러진 잣나무의 수풀을 지나서 이윽고 카르
에서 미탁스샤르테로 올라갔다. 가이슬러슈피체의 침봉은
지금 막 아침 햇살을 받고 있으며 생각한 것보다 훨씬 높게
보였다.

　그 뒤에는 아직도 손대지 않은 오슬오슬한 비밀이 있음을
나는 느낄 수 있었다. 우리는 3, 4미터가 될까말까한 높이로
자란 구부러진 마지막 잣나무가 서있는 곳에서 쉬었다. 이윽
고 아버지는 움푹 들어간 나무줄기에 담배곽을 쑤셔넣고
평평한 돌을 그 위에 올려놓더니, 이제 떠나자며 우리를
재촉했다. 카르의 등반은 아버지의 이야기를 들어 짐작하고
있었지만 상상보다 훨씬 힘들었다.

가이슬러슈피체에서
랑코펠 산군까지의 전경

고 향

내가 아직 어린 아이였을 때 빌네
스의 골짜기는 하나의 커다란 세계를
뜻하고 있었다. 나무뿌리와 묘지의
허물어진 돌담과 텅빈 건초의 헛간
사이사이에서 말하자면 모험의 나라
에 살고 있었다. 우리는 도둑이 되기
도 하고, 정복자가 되기도 하며 이
모험의 나라를 지배하고 있었던 것이
다. 그러나 이윽고 나는 자라서 골짜
기가 나에게 작고 좁은 것으로 여겨
졌다. 거기에는 이제 비밀이라곤 하나
도 없었다.

그래서 나는 비밀을 찾아 넓은
세계에서 헤매었다. 인디오와 함께
남미의 안데스 산맥을 오르고, 몇주
동안이고 뉴기니아의 정글을 헤집
고, 동생과 함께 지상 최고의 절벽도
올랐다. 그렇지만, 여러가지를 보며
많은 여행을 하면서 더욱더 분명히
알게 된 것은 나에게 있어 고향이라
고 말할 수 있는 곳은 이 돌로미테말
고는 없다는 것이었다.

오르면 오를수록 돌멩이는 작아지고 점점 걷기가 힘들어지며 발을 디딜 때마다 뒤로 미끄러지곤 했다. 이 자갈밭의 오르막길에서 나는 신바닥이 가능한 모두 닿도록 큰 돌멩이를 이용하여 걸으며 보폭을 고루게 맞춰가며 오르면 틀림없이 목적에 도달할 수 있다는 것을 배웠다.

미탁스샤르테에는 어느새 신설이 내리고 있었다. 반대쪽의 카르를 지나서 세번째의 협곡 어귀까지 우리는 달려갔다. 그리고 작은 돌멩이가 그득하게 흩어져 있는 고랑을 찾아내 발끝으로 뛰다시피 올라가는 통에 돌멩이가 쏟아져 내렸다. 등반로 초입에서 돌이 물에 떨어지는 소리가 희미하게 메아리치며 고요함을 깼다. 때때로 낙석이 떨어졌다.

"밤중에 얼어붙은 얼음을 태양이 녹이고 있는 거야."라고 아버지는 말하면서 배낭에서 삼으로 꼰 밧줄을 끄집어냈다. 나의 가슴은 두근거리기 시작했다.

마침내 바위타기가 시작된 것이다. 나는 깎아지른 바위의 고샅길이 시작되는 지점에 섰다. 좌우의 암벽은 노란 빛깔을 띠고 부분적으로는 오버행을 이루고 있었다. 이 암벽을 쳐다보았을 때 나는 정말 자신이 없었다. 집채만한 촉스톤이 머리 위의 고샅길을 가로막고 있었다. 그늘진 곳은 온통 얼음이 눈부시게 반짝이고 있었다. 어머니가 앞에 올라가고 아버지는 헬무트와 나의 뒤를 바싹 따라붙어 올라왔다. 바위타기는 생각했던 것보다 훨씬 수월했다. 군데군데 바위선반이 있고 빠져나갈 수 있는 샛길도 있었다.

그래서 우리는 당장에 자일을 쓸 것까지는 없었다. 어느 암장이나 대개 집의 계단 아래쪽에 있는 돌담을 오르는 것과 비슷한 어려움이었다. 게다가 몹시 가파른 장소에 당도했을 때면 그곳에는 쇠줄이 설치되어 있었다. 나는 이미 몹시 지쳐 있었다. 그래서 하나의 암장을 넘을 때마다 정상이 어디에 있는지 눈을 부릅뜨고 찾았다. 나는 암릉 아니면 큰 케른이 보이지 않나 하고 은근히 기대하고 있었다.

그리고 지금까지도 나는 무엇을 오른다는 일이 그와 같은 긴장감을 주는 것인지 알지 못하고 있다. 나는 지친 몸을 떨구고 언제까지나 지그시 앉아 있을 수만 있기를 바랐지만 그럴 수는 없었다.

드디어 정상이 눈에 들어왔다.

"저것이 정상이다." 아버지가 가리키면서 말해 주었다. 바람맞이가 강한 암릉이 정상으로 계속되고 있었다. 암벽은 오른쪽의 바서탈을 향해서 수직으로 내리치닫고 있었다. 왼쪽은 아래를 내려다 볼 기분이 전혀 나지 않을 만큼 섬뜩하게 위험을 드러내놓고 있었다.

"몹시 위험해 보이는구나."

때마침 하산길에 있던 사람들 가운데 한 사람이 암릉에서 나를 도와 주면서 말했다. 이런 말을 들은 것은 처음이었으나 곧 그 뜻을 알았다.

정상에는 동릉으로 올라온 몇몇 등산가들이 앉아 있었다. 그들은 미리 축제라도 준비해 둔 양, 손을 내밀며 악수를 해 주었다. 우리는 그들과 함께 어울리며 약간씩 흥분되어 있었다. 하지만 나는 몹시 지쳐 있었다. 우리 주위에는 태양과 바람뿐이었으며 우리들 발 밑에는 비탈이 그슈마겐하르트의 고원목장을 향해서 1,000미터나 아래로 깊숙이 치닫고 있었다.

저 고원목장까지 우리는 오늘 중으로 돌아가야만 했다. 이것은 어른들에게도 하루는 족히 걸리는 등반거리였다.

처음으로 자일의 톱에 서서

우리는 젊고 경험도 없었는데 모험을 꿈꾸고 있었다. 모직으로 만든 헐렁헐렁한 니커바지를 입고, 빨아서 색이 바랜 방한용 자켓을 입은 우리는 삼으로 꼰 밧줄을 짊어지고 나섰다. 우리는 춤을 출 줄도 몰랐으며 아가씨들에게 꽃을 사줄 줄도 몰랐다.

그래서 어쩌다가 아가씨와 함께 자일을 매는 날이면 얼굴이 붉어지는 것이었다. 우리는 새벽미사를 마치자마자 집에서부터 암벽의 등반로 초입까지 행군을 했고, 저녁때가 되어서야 돌아왔다.

배낭을 보고 머리를 가로젓는 농부들은 무시해 버렸다. 또한 우리는 선술집이라곤 아예 가지도 않을 뿐더러, 일요일에 그런 곳에서 시간을 허비하는 패거리를 경멸했다.

나이가 어린 소년 시절 나는 클라이네페르메다의 동벽을 암장 중에서 제일 어려운 벽으로 생각했었다.

이 벽을 보고 있으면 너무 가팔라서 접근을 거부하듯이 깎아지르고 있어 아무리 쳐다보아도 눈길을 멈출 곳을 찾을 수 없었다. 이 벽에 있는 깊은 침니는 물에 젖어 물방울이 뚝뚝 떨어지고 있었는데, 이 신비스러운 루트는 나의 공상력을 강하게 자극했다.

그래서 진짜 암벽이라고까지는 말할 수 없었으나 마을에 있는 벽과 돌이라고 하는 돌은 모조리 다름 아닌 록 가든 (rock garden)으로 탈바꿈이 된 셈이었다.

그 무렵 기어오를 때 3지점 확보를 지켜야 한다는 것을 알았다. 손잡이 둘에 발디딤이 하나, 발디딤 둘에 손잡이 하나를 언제나 잡거나 디뎌야 한다는 것을 알았다. 이 규칙을 엄밀히 지키기 위하여 집에 있는 계단이나, 묘지의 돌담, 또는 하상(河床)에 있는 커다란 암괴에서 열심히 연습에 전념했었다.

하지만 지금 이 벽은 그때와는 달리 얼마나 변해 있는 것일까! 암벽은 의연히 깎아질러 있으며 어려움은 커진 게 없는데도, 그후 몇 년 동안 내가 쌓아올린 많은 경험이 그 매력을 앗아가 버렸던 것이다. 지금 나는, 높이가 300미터나 되는 이 절벽이 당시의 나에게는 제일 소중했고 물에 젖은 촉스톤이 두 개나 끼어 있었던 침니의 높은 난이도는 위대한 신비의 진수(眞髓)의 모든 것이었다는 것을 묘한 기분으로 자주 회상한다. 하지만 이와같은 신비가 사라진 것을 느끼는 지금의 나는 왠지 가슴이 죄는 듯한 괴로운 생각에 잠기곤 한다. 생각하면, 지금 가지고 있는 나의 능력에 따라 보다 규모가 크고 보다 어려운 암벽을 마주보고 대결하는 셈이지만, 그것만으로는 흡족하지가 않다.

가이슬러슈피체의 푸르체타에 해가 뜨고 있다.
좌로부터 자스리가이스, 페르메다가 보인다.

어쨌든 또 한번 그 시절처럼 경험이 없는 어린 소년이
되지 않으면 처음으로 겪은 그때의 꿈의 세계 속으로 들어간
다는 것은 정말 불가능하리라.

처음으로 동벽 기슭에 섰을 때 나는 아직 어린 학생이었
다. 간단한 겹매듭으로 몸에 자일을 묶어 매고 어깨 위로
감아 올렸다. 자일은 오른쪽 겨드랑이 아래로 빠져 아버지와
나를 연결했다. 그리고 나는 왼쪽 어깨 위에다 자일을 걸었
다. 이것이 바로 어깨확보였다. 아버지는 하켄 두 개를 가슴
에 둘러맨 슬링에 매달고 드디어 오르기 시작했다.

나는 밑에서 아버지의 일거수 일투족을 눈으로 쫓아가며
절대로 자일이 팽팽하게 당겨지는 일이 없도록 애를 썼다.
30미터를 오른 한 지점에서 아버지는 멈추더니 나머지 자일
을 잡아당기고 몸을 침니 속에 꽉 끼어 넣었다. 말하자면
나의 몸이 추락해 떨어져 나간다 하여도 자신이 벽에서 빠져
나오지 않도록 하려는 것이었다.

"올라 오너라!" 아버지가 아래를 향해서 소리를 지르자,
그 메아리는 한쪽 벽에서 반대쪽 벽으로 몇 번이고 부딪치며
울려퍼졌다.

"올라갑니다." 처음에는 암벽이 부석부석해서 허물어질
것만 같았다. 그래서 체중을 싣기 전에 하나하나의 손잡이마
다 조심해 확인하고, 불확실한 발디딤은 발끝으로 톡톡 차보
는 것이었다. 그리고 지점(支點, 받침점)에서는 한층 강하게
수직방향으로 체중을 싣도록 애를 썼다. 첫 피치를 넘어서자

암벽은 점점 어려워졌다.

침니의 양쪽 벽 사이는 1미터 정도밖에 떨어져 있지 않고 게다가 수직으로 솟아 있어서, 마치 끝이 없는 기둥을 쳐다보는 느낌이 들었다. 침니의 훨씬 상부에 촉스톤이 끼어 있어 시야를 가로막고 있었다. 저 위쪽으로 올라가면 틀림없이 비밀의 세계가 있으리라고 나는 굳게 믿고 있었다. 아버지는 여전히 선두에 서서 올라갔다. 그는 우리들의 자일샤프트의 가이드 자격이 있었으므로 그후의 여러 피치의 곤란성을 이것저것 관찰하면서, 특히 나에게는 어려운 장소가 나타나면 '여기다, 저기다.'하고 일러 주셨다. 처음에 발디딤 하나하나를 가려서 착실하게 확인하고, 이제부터 어려운 암장이 나타나리라는 것을 미리 짐작하고 대처하는 아버지의 경험에 나는 놀랄 뿐이었다. 클라이네페르메다의 동벽은 난이도가 3급으로 평가되고 있는 곳이다.

그리고 3급이라는 평가는 '어려운' 것을 뜻하고 있다는 것을 이미 나는 알고 있었다. 난이도는 전부 1급에서 6급까지 있으며 1급은 제일 낮은 급이며 쉽고 때때로 몸의 균형을 유지하기 위하여 양손을 쓸 필요가 있을 때는 사용할 수 있는 정도의 루트를 말한다.

6급은 적어도 정의상으로는 이 세상의 우수한 클라이머에 의해서만 극복될 수 있는 난이도를 나타내고 있다. 그리고 1급과 6급 사이에 모든 중간단계가 들어가 있다. 오늘날 6급이라는 평가도 어느 정도는 과장되어 있다는 것을 나는

알고 있다. 6급을 해낼 수 있는 클라이머가 몇천 명이나
있다. 이것이 40년 전이었다면 아마도 20명도 채 되지 못했
을 것이다. 하지만 앞으로 10년이 지나는 날이면 아마도
몇천 명, 몇만 명의 등산가들이 해낼 수 있게 될 것이다.

　미국, 영국, 일본 그리고 특히 중부 유럽에서도 첨예 등산
이 이제 막 시작되었기 때문이다.

　아직은 경험이 부족한 편이고 루트가 위태롭게 튀어나온
곳을 오를 때는 깡그리 압도당하곤 했으나, 두번째 침니의
오버행 아래에서 "어때, 네가 앞서서 올라가 볼 테야?"라고
아버지가 나에게 말했을 때 나는 별로 놀라지 않았다. 나는
난생 처음으로 자일의 톱에 서서 오르게 되었다 !

　"그러나 조심해야 된다. 천천히 올라가야 해 !"라고 아버지
는 힘주어 나에게 말했다.

　"위로 나서면 자기확보용 자일을 단단한 바위부리에 걸어
라 !" 2인조의 자일샤프트로 오를 때는 언제나 한 사람이
상대방을 확보하는 것으로 되어 있다.

　선두를 오르는 등반자가 20미터, 30미터 혹은 40미터를
올라서 발디딤을 발견하면 뾰족한 바위부리 또는 하켄 하나
에 자신의 몸을 묶어매고 자기확보를 하는 것이다. 이러한
자기확보를 하고서 비로소 두번째 올라오는 후등자의 자일을
팽팽히 잡아당기면서 올라오도록 할 수 있는 것이다. 자일의
톱으로 올라가는 사람은 아래에서 확보를 받게 된다. 두번째
의 등반자가 추락하는 경우와는 달리 선두가 추락한다는

것은 대단히 위험한 일이다. 예컨대 30미터 오른 지점에서 떨어지면 60미터를 추락하게 되는 것이며, 두번째 동반자로서는 이 무거운 추락자를 멈추게 하기란 보통 어려운 것이 아니다.

만일 선두에 서서 오르는 톱이 서너 개의 하켄이나 뾰족한 바위부리에 자일을 걸어 묶어매지 않는 날이면 어떻게 할 수가 없다. 두번째의 후등자 역시 암벽에서 떨어져 나갈 수밖에 없다.

그러므로 나는 발디딤에 서면 언제나 완벽한 자기확보를 한다는 원칙을 지키는 것이었다. 그러나 이에 앞서 더 좋은 것은 자일의 선두에서 오르는 톱은 절대로 떨어져서는 안된다는 것이었다.

침니 안에 서서 하켄에 몸을 묶어 연결하고 있는 아버지 쪽을 다시 한번 보았다. 아버지는 자일을 손으로 단단히 꽉 잡으셨는데 걱정스러운 표정은 조금도 나타내지 않았다. 더불어 침착한 아버지의 모습을 보니, 아버지가 이 피치를 나에게 맡겨도 되겠다는 생각을 하고 있음을 느껴 안도의 한숨을 쉴 수 있었던 것이다.

5년 동안 나는 항상 두번째로 오르도록 되어 있었는데, 지금 자일이 가슴팍에서 위로 뻗어가는 것이 아니고 이렇게 나의 두 다리 사이를 빠져 아래로 흘러 내려가고 있는 것을 보았을 때 나는 무척이나 기뻤다.

단 한번 아버지는 바위가 푸석푸석해 부서지기 쉬우니

조심하라는 주의를 나에게 일러주었고, 아버지의 말이 끝나
기도 전에 나는 그 위험한 장소를 쓱쓱 차고 올라 위로 전진
해 갔다. 그후 계속되는 여러 피치에서 아버지와 나는 번갈
아 톱을 섰다. 내 차례가 오면 기뻤으며 가능한 한 신중을
기하면서 올라 갔다.

그리고 마침내 정상에 도달했을 때 나는 이제 정말이지
조금은 어른스러워진 게 아닌가 하고 생각되었다.

두 명의 소년, 하켄 두 개, 헬멧 하나

4년 후 나는 그 침니를 다시 찾아가기로 했다. 1950년대에
아버지와 나는 이 침니를 돌파하고 자스리가이스의 북벽을
오른 적이 있었다. 가이슬러 산군의 중심부에 있는 이 벽을
오르는 루트는 에밀 졸레더와 프리츠 비스너에 의해, 인접해
있는 푸르체타의 북벽이 정복되고, 그 초등반에 의해 돌로미
테의 개척사에 새로운 시대가 열어진 이래 사람의 머리에서
잊혀지고 있었다.

100년 또는 그 이전부터 사람들은 모두 산정만을 오르는
것으로 생각하고 있었는데 금세기에 접어들면서부터 전위적
인 등산가들은 벽과 칸테(Kante)와 암릉을 하나하나 오르기
시작하였다. 이제 정상만이 결정적인 의미를 갖고 있는 것은
아니고, 많고 적은 정도의 차는 있지만 어려운 루트를 통해
정상에 도달하는 것이 목표로 되었다.

그후 사람들은 이미 개척된 등반로와 아울러 별도의 루
트, 보다 어렵고, 보다 직선적인 등반에 노력을 경주하게
되었다. 이러한 시대는 불과 50년 전에 시작된 셈인데, 얼마

전부터는 안데스 산맥, 히말라야, 카라코룸의 등산에서도
이와같은 방향으로 나아가고 있다.

자스리가이스의 북벽 루트는 그때 우리와 같은 소년들에게
는 수수께끼와 같은 것이었다. 높이 800미터나 되는 이 석회
암의 암벽에 금이 나있는 크랙, 바위선반, 침니 등이 뒤섞여
몰골이 사납고 무시무시하여, 마치 거대한 거미의 발을 보는
느낌이 들었다. 이 암벽은 아직 우리에게는 거의 생소한
것이었으므로 상부에서 방향을 잃는 일이 일어나지 않도록
하기 위하여 우리는 이 북벽의 사진을 호주머니에 넣고 오르
기로 했다.

7월의 어느날 오후, 아우인 귄터와 나는 숲이 끝나는 삼림
한계 가까이에 텐트를 쳤다. 우선 물을 길어오고 나뭇가지를
주워모으고, 마른 잣나무잎을 캠프장으로 운반했다. 그런
다음에 텐트 둘레에 도랑을 파고, 텐트 안에는 잣나무 잎을
깔았다. 우리는 그때만 해도 아직 에어 매트리스를 가지고
있지 않았기 때문에 잣나무잎으로 공기요를 대신해서 깔았던
것이다.

한밤중이 되자, 우리는 추위 때문에 오들오들 떨었다. 가끔
암벽에서 본격적인 비박을 하게 될 일을 생각하니 별안간
으스스 소름이 끼쳤다. 암벽을 오를 작정으로 생각하고 있었
던 아침이 밝아올 무렵, 새벽의 추위는 한층 혹독해졌다.
온몸이 온통 얼어붙어 세수할 용기마저 나지 않았다. 우리
둘은 살을 에이는 듯한 추위 속에서는 차라리 계곡으로

내려가는 편이 좋지 않을까 하고 은근히 생각해 보았으나 서로 말을 입밖에 내지는 못했다. 따라서 불쌍한 기분이 들었으나 배낭을 어깨에 짊어지고 카르를 넘어서 열심히 등반로 초입을 향하여 올라갔다.

2, 3주 전의 일인데 아버지가 마을에서 낙석보호용 헬멧 하나를 사가지고 와서 우리에게 주었다. 그것은 초기의 모델로서 하얀 플라스틱으로 만들어진 것이며, 앞부분에는 방패 표지가 붙어 있었다. 낙석방어용 헬멧이라기보다는 산에서 쓰는 광부용 헬멧과 흡사했다.

우리는 등반로 초입에서 헬멧 속에다 손장갑, 창없는 모자와 신문지를 쑤셔넣어 가능한 한 쿠션이 좋아지도록 했다. 헬멧이 하나밖에 없었으므로 암벽에서는 서로 번갈아 쓰기로 하고 언제나 자일의 두번째 오르는 후등자가 썼다.

낙석이 많은 린네를 트래버스해야 할 암벽 중앙부에서는 둘이 가로 건널 때마다 번갈아 쓰고 통과할 생각이었다. 그러기 위해서는 자일을 이용하여 암장 너머로 헬멧을 건너보내야 했는데 그러한 조작을 하기에는 자일이 너무 짧았으므로 하는 수 없이 헬멧을 쓰는 대신에 등반속도를 빠르게 해서 낙석에 얻어맞지 않도록 트래버스 지점을 신속하게 가로 질렀다.

암벽 중앙부를 비스듬히 치닫고 있는 커다란 람페에서 루트의 방향을 잘못 잡아 너무 높이 올라가고 말았다. 아주 상부까지 올라간 지점에서 더 이상 오를 수 없다는 것을 깨닫고서야 비로소 올바른 루트가 훨씬 아래 한줄기 크랙으로 이어져있는 슬랩지대에 있음을 알았다. 루트는 그 슬랩지대를 통해서 최종암벽을 향해 치닫고 있었다. 처음으로 암벽의 기슭에 섰을 때 우리는 아버지가 이 벽을 시도했지만 오르지 못하고 실패했었다는 것을 이제와서 이해할 수 있을 것 같았다. 암벽은 깎아지르고 흠뻑 젖어 무섭게 솟구쳐 있었다. 전에 아버지가 하켄도 없이 삼으로 꼰 자일과 클레터슈에(Kletterschuhe) 만을 갖추고 여기를 현수하강(懸垂下降)하여 돌아왔던 것을 생각하면 아버지가 행한 철수는 파이어니어적인 행위였다는 생각이 들었다.

우리는 하켄 두 개와 마을 대장장이에게 주문하여 만든 등반용 철봉 두 개를 가지고 있었는데 무게가 전부 합해 1파운드나 되었다. 게다가 구멍이 너무 작아서 소방서에서 빌린 두 개의 카라비너를 동시에 건다는 것도 여간 힘든 일이 아니었다.

또 페를론실로 짠 자일도 뻣뻣하고 딱딱해서 말을 잘 듣지 않았다. 마치 인도사람이 사용하는 자일을 가지고 이 암벽에서 등반을 시도하는 격이었다. 이런 것은 모두 최상의 장비를 마음대로 손에 넣을 수 있는 10년이 지난 지금이니까 말할 수 있는 것이다.

당시에는 아무것도 몰랐으며, 그저 낙석보호용 헬멧 하나에 하켄 두 개, 거기에 자일 한 동만을 가지고 아이거 북벽의 등반을 위한 훈련에 대비한다는 생각으로 암벽을 올랐던 것이다. 작은 발디딤에 도달할 때마다 귄터를 확보하기 위하여 하켄 두 개 중 하나를 때려박고 몸을 단단히 묶어서 연결하였다. 그때마다 귄터는 기를 쓰고 발디딤용으로 박아둔 하켄을 내리치면서 다시 뽑아내는 것이었다. 왜냐하면 우리는 앞으로도 계속 필요시에는 하켄을 쓰지 않으면 안 되기 때문이었다. 정상으로 빠져나갈 수 있는 크랙은 완전히 얼어붙어 있었는데, 그 지점에서 비로소 나는 중간하켄(Zwisc-henhaken)을 때려박았다. 나의 생애에서 처음으로 때려박았던 중간하켄이었다. 이 하켄은 이제 귄터의 힘으로는 도저히 뽑아낼 수가 없었으므로 때려박은 나의 솜씨를 조금은 자랑해 보았으나 동시에 슬픈 기분이 들었다.

왜냐하면 이제 우리는 하켄을 단 하나밖에 가질 수 없게 되었기 때문이다. 정상에 비치해둔 방문록에 처음으로 우리들의 이름과 올라온 북벽루트를 적어 넣었다. 뒤에 이 이야기를 들은 아버지는 자신이 몇 번이나 목적을 이루지 못하고 물러났음에도 불구하고 우리와 함께 만족스러워 하셨다.

폭풍의 펠모 북벽

우리를 태운 '헬리콥터'는 팔자레고로 가는 고갯길을 붕붕 요란한 소리를 내면서 올라갔다. 헬리콥터라고는 하지만 아버지가 함께 오지 않을 때 빌려타는 아버지의 오토바이를 두고 하는 말이었다. 아버지는 일요일마다 산으로 나서는 우리에게 오토바이를 빌려 주었으며 우리는 가능한 한 깊숙 이 계곡 안으로 들어갈 수 있는 곳까지 오토바이를 몰았다.

그리고 수풀이나 돌멩이 투성이의 비탈길을 고생해서 오르 고, 이벽저벽을 관찰하여 골라잡으면 등반로 초입쪽으로 가곤 했었다. 골라 잡은 벽을 완등하거나 혹은 반쯤 오른 데서 되돌아서는 날이면 샛길을 찾아서 빨리 계곡으로 돌아 왔으며 지친 몸으로 오토바이를 둔 곳까지 걸어와서 집으로 돌아오곤 했었다. 그 무렵 우리는 돌로미테의 구석구석까지 거의 빠짐없이 자세히 알고 있었다. 그래서 이번에는 가장 큰 암벽의 고전적 루트의 완등(完登)을 시도해 보려고 마음 먹었다.

치베타 북서벽의 졸레더 루트, 마르몰라타의 남벽 루트,

그리고 그로세친네의 북벽 오르기를 우리는 꿈꾸어 왔다.

우리는 등산역사를 이탈리아 자유전쟁의 역사보다 더 자세히 알고 있었다. 특히 우리들의 마음을 사로잡은 것은 에밀 졸레더, 에밀리오 코미치, 지노 솔다가 이루어낸 대담한 등반이었다.

그 당시 나의 마음 속에 아주 경탄해 마지 않은 사람은 바로 에밀 졸레더였다. 그는 바로 50년 전에 돌로미테를 찾아와서 제1차대전 이전의 가장 우수했던 클라이머들이 격퇴당한 어려운 과제를 모두 해결한 사나이였다. 특히 나로 하여금 감탄의 마음을 가지게 한 것은 어떻게 그와 같은 대등반을 해냈는가 하는 것이었다. 그는 하루 만에 높이 1,100미터의 치베타 북서벽을 올랐다. 또 푸르체타 북벽과 사스마오르 동벽을 누구보다도 빠른 속도로 올랐던 것이다.

6급 난이도의 도입을 필요하게 한 것도 그였으며, 그가 이룩한 3개의 대루트는 펠모 북벽과 나란히 오랫동안 돌로미테에서 아니 알프스 전체 산군 중에서도 가장 어려운 루트로 평가되어 왔다.

우리가 오토바이를 몰고 치베타의 암벽 아래를 지나치는데 귄터가 내 귀에 입을 가까이 대고 소리질렀다.

"다음에는 이 벽을 하는 거야!"

그런데 우리는 그때 펠모 북벽에서 무엇이 우리를 기다리고 있는지 예상하지도 못했다. 우리 둘은 한시라도 빨리 산에 도달하고 싶은 마음에 오토바이 안장에 올려앉은 엉덩이까지도 들썩들썩 초조함을 감추지 못할 정도였다.

우리는 9개월 동안이나 학교 책상 머리에 몸을 웅크리고 앉아 지내온 그런 판국에 훈련을 했을 리도 만무했으며 아주 기초적인 훈련조차 제대로 하지 못했던 것이다.

"제 아무리 학교에 다녀봤자 훈련에는 도움이 되지 않는단 말이야."라고 말하며 귄터는 웃었다. 우리는 자주 몬테펠모의 산모습을 그림엽서에서 보아왔으며 또한 가이슬러 산군의 미탁스샤르테에서 자주 펠모의 빼어난 위용을 바라보고 감탄하곤 했었다.

마침내 우리는 그 폭넓은 북벽을 가까이에서 바라볼 수 있게 된 것이다. 우리는 차도에서 샛길로 빠져 나섰을 때 타고 온 오토바이를 쉬게 하고 암벽을 쳐다보았다. 암벽은 흠뻑 젖어있는 것 같았다. 눈이 쌓여 있는 지대의 아래에 길다란 검은 줄기가 보였는데 그것은 눈 녹은 물이 흘러내리는 물줄기였다.

치타피우메의 산장으로 가는 길에서 헬리콥터는 다시 그 이름에 걸맞게 아주 명예로운 작동을 하여 그 책임을 충분히 잘 해냈다. 다시 한번 암벽을 힐끗 쳐다본다. 날씨는 그대로 지속될 것 같았다. 산장에 들어서자 여주인이 입구에서 앞을 가로막았다. 머리 꼭대기에서 발끝까지 훑어보더니 마치 이러한 복장을 한 사람을 만나본 적이 없다는 듯이 얼굴을 찌푸리고 있었다. 그녀의 상상으로는 젖내나는 얼굴을 한 풋나기가 등반용 바지를 입은 꼴이 아무래도 격에 맞지 않는

모양이었다. 우리는 산장을 잘못 들어섰나 걱정하면서 좀
당황한 얼굴빛을 하고 펠모 북벽의 출발기지가 이 산장이냐
고 물었다.

"샤페테 체 라 파레테 노르드 에 몰토 디피칠레?(북벽이
매우 어렵다는 것을 알고 있느냐?)"라고 말하는 것이 그녀의
대답이었다. 물론 우리는 알고 있었다. 그래서 여기에 온
것이다.

우리는 보다 어려운 것을 추구하고 있었다. 이 등반을
우리의 목적으로 삼고 나름대로 훈련을 쌓아왔던 것이다.
물론 몬테펠모의 반들반들한 수직의 북벽을 오르기보다는
남쪽에서 오르는 것이 보다 쉽게 오를 수 있다는 것도 우리
는 알고 있었다. 그러나 우리는 정상을 꼭 오르려는 것이
아니고, 설사 산장의 여주인이 얼굴을 찌푸리고 언짢은 표정
을 지었다 하더라도 펠모의 북벽을 정복하고 싶었던 것이
다. 우리는 머물 채비를 하고 배낭을 꾸리고서 열쇠를 자물
쇠에 꽂은 그대로 놔둘 것을 부탁하고 거실로 들어갔다.
산장 주인은 거실에 있는 난로에 불을 피웠으며 방은 곧
훈제실(燻製室)처럼 훈훈한 기운이 감돌았다.

거멓게 그을려진 연기투성이의 거실을 여우처럼 빠져나온
우리는 침실로 들었다. 나는 잠자리에서 그 검은 연기는
날씨가 별로 좋아질 조짐이 아닐 거라고 생각했다.

내일 날씨가 좋아질 가망이 없으면 바위타기를 그만둘
생각이었다.

아침 일찍 눈을 뜬 우리는 암벽이 그 윤곽을 선명하게
보여주고 있는 것을 바라볼 수 있었다. 하늘에는 별들이
총총히 빛나고 있었다. 짧은 양말을 신은 채 살금살금 발소
리를 죽여가며 계단을 내려가서 거실로 갔다. 그리고 밖으로
나가려고 했다. 그런데 웬걸 첫번째의 커다란 실망이 여기에
기다리고 있었다.

문은 잠겨있고 열쇠도 없었다. 말하자면 새장에 갇힌 새꼴
이 된 셈이다. 그러나 귄터는 언제나 집안일을 잘 돌보고
익숙해 있는 터라 곧 부엌으로 가서 서랍 속을 뒤져 열쇠를
찾아냈다. 그 사이에 어느덧 새벽 3시가 되었으며 우리는
산장을 빠져나왔다.

이리하여 '열쇠의 장소'는 일단 빠져나올 수 있었던 것이
다. 암벽으로 가는 길이 열린 것이다. 비트적거리면서 먼저
숲속을 지나갔다. 그리고 잣나무숲의 일대를 빠져나와서
비쳐오는 해돋이의 햇살이 쏟아지는 가운데 등반로 입구를
향해서 카르를 올라갔다. 날이 밝아오고 밝은 햇살이 쏟아지
므로 기분도 상쾌해졌다. 첫 햇살이 정상에 쏟아질 무렵
등반로 초입에 도달했다.

아래에서 개구리마냥 가까이 쳐다보니 손을 뻗으면 닿을
것만 같은 기분이 들었다. 그러나 우리와 정상 사이는 아직
도 850미터나 떨어져 있다는 것을 우리도 알고 있었다. 바위
와 빙하 사이에 틈이 나있는 거대한 균열이 제일 취약한
지점이었는데, 우리는 이 지점을 뛰어넘고 첫번째로 나타난

버트레스의 측릉을 공격했다. 그러나 3~4미터 오른 지점에
서 더 이상 오를 수가 없었다.

암장은 쉬워보였으며 안내책자에도 그렇게 어렵지 않은
것으로 적혀 있었다. 그러나 지금까지 우리들이 잘못 생각하
고 있었다는 것을 곧 알게 되었다. 암벽은 반들반들하게
미끄러워 보이고 물에 씻기어 습기도 가득 먹고 있었으며
군데군데는 푸석바위같이 부서지기 쉬워 보였다.

우리는 자일을 서로 묶어서 맸다. 내가 선두에 서서 출발
했다. 처음에는 몸놀림이 굳어 서툴고 정확한 리듬도 모자랐
다. 이 피치에는 네 개의 하켄이 박혀 있었는데 이렇게 많은
하켄을 박아 둔 피치는 그후 한 군데도 발견하지 못했다.
이윽고 바위에 익숙해지고 몸놀림이 부드러워져서 등반이
순조로워지기 시작하였다. 우리는 푸석푸석한 바위선반을
오른쪽으로 트래버스하고 홀드가 별로 없는 슬랩을 조심조심
기어올라서 좁은 크랙에 다다랐다. 이 좁은 크랙을 통과하고
바위벼랑을 공략한 다음 이어서 가파른 바위고랑을 이루고
있는 린네로 진출했다. 거기에서 린네를 거슬러 올라가서
상부의 바위선반에 도달했다. 이 지점에서 왼쪽으로 트래버
스하고 좌우로 손발을 뻗고 버티면서 V형 디에드르를 올라
갔다.

몸을 밀어올리면서 오른쪽으로 이어지는 반들반들한 바위
켤을 타고 침니 안으로 들어갔다. 그리고 좌우로 손발을
뻗고 벌리고 버티어 가면서 오버행 하나를 넘어서고 좁은

페루에 있는 카루아코차 호수에서 본
예루파야

고독감

카루아코차 호수가에 드문드문
노출되어 있는 바위에 파도가 부딪치
면서 철썩거리는 소리를 내고 있다.
히리샨카, 예루파야, 시울라의 봉우리
와 봉우리에 안개가 감돌고 있다.
서쪽에서 하늬바람이 먹구름을 몰고
왔다.

소나기가 이 고산지대에 내리 쏟아
졌다. 베이스 캠프의 텐트는 돌풍으로
흔들리고 있었다.

정오경, 나는 침낭에서 기어나와
주위에 흩어져 있는 평평한 돌 밑에
숨어있는 지렁이를 잡으며 내를 따라
어슬렁어슬렁 내려갔다. 페루의 안데
스에 있는 포크파 지방을 떠나온
이래 우리는 텐트에서 살고 있었다.
의지할 사람은 우리들 자신뿐이었
다. 몇 날이고 사람과 대화를 나눌
수 없을지라도, 그리고 날씨가 마침내
는 변덕을 부려 급변한다 하여도
나는 마음의 평온함과 침착으로 가득
했다.

오후 늦게서야 겨우 연어 한 마리
가 낚시에 걸려 내 손 안에서 퍼덕거
릴 때 나는 아무에게도 이 고기를
보여 줄 수 없었다. 이때 나는 자신이
혼자 있음을 처음으로 깨달았다.

바위결의 렛지에 도달했다. 이 렛지를 통과하여 처음으로
만나게 되는 층계처럼 단(段)을 이룬 바위 마디에 진출하였
다. 등반에 온갖 힘과 정신을 쏟는 바람에 날씨가 나빠지고
있는 줄도 모르고 있었다.

우리는 다음 바위벼랑을 안개가 암벽을 뒤덮고 있어 이제
볼 수 없게 되었다. 그러나 우리는 날씨가 나빠짐에도 불구
하고 올바른 크랙을 찾아내 크랙을 타고 올라갔다. 상부로
진출하여 두 개의 오버행 사이를 통과하고 오른쪽으로 트래
버스했다. 그 사이 비가 내리기 시작했다. 그러나 등반의
기쁨이 불쾌감을 앗아가 버렸다. 루트는 뚜렷하게 헤아릴
수 있었으나 안내책자에 기술된 루트 설명이 군데군데 분명
하지 않았다.

두번째의 단이 진 바위마디의 언저리에 도달했을 때 갑자
기 폭우가 쏟아졌다. 완전히 무방비 상태 속에 우리는 펠모
북벽의 한복판에서 악천후의 기습을 받은 것이다. 필사적으
로 린네 속을 기어오르고 있으나 린네 속은 마치 폭포와도
같았다.

아무튼 가능한 한 빨리 몸을 피할 은신처를 찾아내야겠다
고 직감했다. 작은 바위벼랑 하나가 린네를 가로막고 있었
다. 나는 홀드 하나하나 스탠스 하나하나를 주의깊게 관찰하
고 몸의 동작을 어떻게 놀리면 좋은가 골똘히 생각했다.
그리고 과감하게 그 폭포 속으로 뛰어들었다. 차디찬 물이
온몸에 쏟아지고 숨도 제대로 쉴 수 없는 형편이었다. 소

매, 옷깃 할 것 없이 물이 흘러들어와 살갗까지 흠뻑 젖고
말았다.

아침에 얼굴을 씻지 않았는데 세수 대신 잘 된 일이라고
생각한다면, 그건 말도 안 되는 소리지만 마치 샤워 물이
쏟아지는 격이었다. 상부로 빠져나오자 동굴 하나가 시야에
들어왔다. 숨을 헐떡거리면서 동굴 속으로 뛰어들어 잠시
숨을 돌렸다. 때마침 막 첫번째 낙석이 물이 흐르고 있는
린네 속을 굴러서 계곡 밑으로 떨어져 갔다. 자일을 조작하
는 신호도 귄터는 알아차리지 못했다.

폭풍은 우르릉 포효하고 물은 줄줄 흘러내리며 돌은 쿵쾅
거리며 떨어져 나갔다. 때때로 천둥이 지옥 같은 소음보다
더 큰 굉음을 내면서 사방에 울려퍼졌다. 나는 세 번 자일을
잡아당겼다. 이것은 뒤따라 올라오라는 우리들의 신호였다.

이제 귄터는 린네를 이용해서 더 이상 올라올 수 없게
되었다. 어려운 우측 암장을 기를 쓰고 오르기 시작했다.
그러나 무사히 올라와 물방울을 뚝뚝 떨어뜨리면서 동굴
속으로 들어왔다. 우리는 의기소침하여 그저 짙은 잿빛 안개
를 뚫어지게 바라볼 뿐이었다.

회색 속에서 검은 낙석의 탄환이 탕탕 소리내면서 튀었
다. 차가운 바람이 우리를 부들부들 떨게 하며 비는 눈으로
변했다. 간막이 역할을 하고 있는 오버행에서는 끊임없이
물방울이 뚝뚝 떨어지고 있었다. 우리는 흠뻑 젖어버리고
말았다.

이제 막 오전 10시를 조금 지났을 뿐이지만 벌써 암벽의 1/3을 올라와 있었다. 가지고 있는 것은 모조리 꺼내어 입고 비박색을 뒤집어 썼다. 그리고 얼마 동안 상황을 보면서 기다리기로 했다.

꿈은 끝이 났다. 아무래도 한시 바삐 이 암벽에서 빠져나가야했다. 차라리 아래쪽의 산장이나 계곡에 머물러 있었으면 좋았을 것이라는 생각이 든다. 함부로 암벽에 올라붙고 날씨의 급변을 피하지 못한, 이제야말로 우리들이 놓여 있는 이 상황을 저주하기에 이르렀다.

산에서는 낙석, 눈사태, 갑작스런 날씨의 변화만큼 무서운 것은 없다. 차라리 어려운 암장이라면 넘을 수도 있고 빨리 오르거나 천천히 올라도 별 상관이 없다. 경우에 따라서 되돌아설 수도 있다. 그러나 무너지는 날씨의 손아귀에 빠져드는 날이면 움쭉달싹 못하고 우리는 무기력해지게 마련이다. 많은 경우에, 사람들은 기다릴 수밖에 별 도리가 없으나 때로는 일정한 템포만이 해결해 줄 수도 있다.

의지할 것이 있다면 오직 우리들 자신뿐이라는 것을 우리는 알고 있었다. 안개가 짙게 깔려 있는 것을 우리는 똑똑히 목격할 수 있었다.

그러나 운이 좋아 이윽고 악천후는 사라져가고 낙석도 멎었으며 안개도 걷히기 시작했다. 두 시간이 지나자 모든 것이 사라졌다. 다만 가끔 돌이 상부에서 떨어지며 바위선반에 부딪치면서 굉음을 내곤 했다.

저쪽 하늘가에 검은 먹구름이 뭉긋거리고 있었다. 계곡을 내려다보니 숲을 지나서 뻗어가는 도로가 보였다. 마을과 마을을 잇고 있는 길이었다. 산장은 하나 둘 숲 가장자리에 띄엄띄엄 외따로이 서 있으며 아스라이 멀리 북서쪽 방면에는 가이슬러슈피체의 침봉들이 확 트인 공간에 솟아있었다.

우리는 동굴에서 나와 다시 오를 채비를 하고 전방의 루트를 찾았다. 루트는 둥그스름한 모양을 지닌 칸테를 따라 치닫고 있으며 낙석의 위험도 거의 없었으므로 여기를 오르기로 결심했다.

눈이 아직 얼어 있는 상태가 아니었으므로 린네나 크랙을 통해서 물이 흘러 내렸다. 물을 머금은 눈이 잔뜩 바위선반에 쌓이고 일대를 적시고 있다. 눈이 자주 자일에 들어 붙었다. 우리는 다시 활기를 되찾고 오르기 시작하였다. 만사가 잘 진행되었다.

그런데 이번에는 혹독한 폭풍이 북서쪽에서 불어닥쳤으며 스탠드 위에 서서 기대고 있자니, 어찌나 힘이 드는지 죽을 맛이었다. 바람은 흠뻑 젖은 옷 속까지 파고 들어오고 오버행에서 떨어지는 물방울은 얼굴 정면에 세차게 부어댔다. 바람은 온몸에 파고든 추위와 같이 우리를 오들오들 떨게 했다. 체온이 내려가고 몸이 차가워진 상태에서 비박을 하면 살아남기 어려울 것 같은 느낌이 들었다. 어디를 둘러 보아도 바위결에는 물이 질질 흐르고 있어 등반을 하는 것이 무서워졌다. 거의 수직으로 선 칸테 바로 우측의 미끌미끌한 벽을 굳어진 몸을 이끌고 오들오들 떨면서 올라갔다.

크게 가랑이를 벌리고 곧 무너질 것만 같은 부석부석한 침니 안으로 들어갔다. 침니는 오버행을 이룬 크랙으로 이어 가고 있었다. 침니를 통과하고 이 크랙을 오를 때 애를 쓴 보람이 있어 몸이 따뜻해졌으며 전처럼 자신(自信)이 되살아 났다. 나는 스탠스에 다다랐다. 이 스탠스는 그 밑이 얼어붙어 있는 깊숙한 크랙이었다. 귄터가 뒤따라 올라왔다. 바깥쪽을 향하여 좁게 오므라든 모양새를 한 침니를 통과하고 중급 난이도의 암장으로 진출하였다.

선두를 번갈아가면서 천천히 몸놀림을 추스려 앞으로 전진할 수 있었다. 떠올라가는 안개의 그림자가 암벽 위를 간단 없이 감돌고 있었다. 그러나 갑자기 햇빛이 쏟아져 왔다. 자신만만하게 칸테로 올라서자 마침내 따뜻한 햇빛을 쬘 수 있었다. 린네 안을 오르기보다는 이쪽을 오르는 것이 더 어려웠지만 전방으로 빨리 올라갈 수 있었다.

피치 하나를 오르고 또 하나의 피치를 넘어섰다. 그러나 암벽은 끝이 없는 것 같았다. 피치 하나를 올라설 때마다 이제는 정상암벽이 나오려니 생각했지만 정상은 영 나타나주지 않았다. 암담한 검은 구름의 층이 차츰 가까이 몰려오더니 이번에는 태양을 삼켜버렸다.

이미 폭풍이 거대한 구름의 층을 암벽에 몰아쳤다. 첫눈발이 날아들기 시작했다.

계속해서 나는 위로 전진해 갔다. 늦어지기 전에 암벽을 빠져나가야겠다는 생각뿐이었다. 전진, 앞으로 전진, 오직 전진이 있을 뿐. 두번째의 악천후가 닥쳤다. 우박, 눈, 폭풍, 천둥으로 산은 진동했다. 신들린 사람처럼 우리는 앞으로 앞으로 돌진해갔다. 중간에 하켄도 박지 않고 계속해서 올라갔다. 기다려보자는 말은 둘이 모두 입밖에 내지도 못했다. 그런 생각을 하고 날씨가 좋아지기만을 기다리고 있으면 모든 것이 끝장이리라.

이때 다음 단계의 바위벼랑에 매달려 있는 붉은 자일이 나의 시선을 끌었다. 나는 깜짝 놀랐다. 이게 웬일인가······ 다른 자일파티가 이 벽에 있는 것일까? 아니야, 자일은 서너 개의 하켄에 매달려 커다란 두 개의 오버행 사이에 대롱거리고 있었다. 자일은 바람결에 흔들리고 있다.

자일이 매달려 있는 하켄 하나가 간단없이 바위에 철렁철렁 부딪치면서 딸가당딸가당 소리를 내고 있었다. 갑자기 어두운 기억 하나가 뇌리를 스쳐갔다.

'그들은 오버행 지대에 빠져들어 오도가도 못하게 되었다.'

이 말이 무의식중에 머리속에 똑똑하게 떠올랐으며 이 자일과 연결됐다. 두 개의 오버행 사이에서 대롱거리는 이 자일을 보면 볼수록 그 생각이 더 강렬해졌다.

지난해 여름이었다.

라디오에서 이 암벽에서의 구조작업 상황을 전하고 있었다. 두 사람의 알피니스트가 펠모 북벽에서 루트를 잘못 들어 산악구조대원에 의해서 수용되었다는 뉴스였다.

"그들은 오버행 지대에 빠져들어 오도가도 못하게 되었
다."

이것은 라디오 아나운서가 해설할 때의 말이었다. 몇 번이
고 이 말을 뇌까리고 있는 사이에 우리도 똑같은 함정에
빠져들었다는 것을 깨닫게 되었다.

오른쪽 왼쪽 칸테쪽을 살펴봐도 소용없는 일이었다. 그
럼 어떻게 한담. 똑바로 올라갈 수밖에. 작은 오버행, 깎아지
른 듯 반들반들한 암벽, 이어 오버행을 이룬 크랙을 잇따라
극복하고 상부로 진출하자, 널찍한 스탠스가 나타났다. 나는
한숨을 돌렸다. 정상암벽까지의 피치는 귄터가 톱을 섰다.

나는 그의 곁을 지나치고 정상암벽을 선두에 서서 올라갈
생각이었다. 바위도 얼어붙어 있고 무너질 것만 같았다. 도처
에 물이 흐르고 있었다. 몇 번이고 시도해 보았으나 소용없
는 일이었다. 그래서 협곡으로 이어가는 왼쪽 칸테를 시도하
기로 했다. 구부러진 하켄 하나가 있었는데, 여기에서 루트
변경을 강요당한 것은 우리들이 처음이 아니었음을 알 수
있었다. 그러나 각고의 투쟁 끝에 이 지대를 돌파한 다음
3피치쯤 더 위로 올라가서야 우리는 정상에 섰던 것이다.
지금까지 고생고생 끝에 완등을 해냈던 나의 손가락은 피투
성이였다. 흠뻑 젖어버린 옷은 무거웠고 비는 여전히 내리고
있었다. 안개가 유령처럼 우리들의 곁을 스쳐가고 시야를
완전히 막아버렸다. 그러나 우리는 평탄한 지면 위에 서

있다는 것이 한없이 기뻤던 것이다.

이제 우리는 내려가야 했다. 산장으로 돌아가는 것이다. 케른이 쌓여 있어서 안개 속에서도 등로를 찾을 수가 있었다. 정상 루트를 찾아내고 바위선반을 따라 달리다시피 내려갔다.

이윽고 등반로 초입에 도착했다. 그런 다음 서측 방향으로 몬테펠모의 산허리를 돌아서 끝없는 행군을 계속했다. 그리고 밤과 안개 속을 헤집고 슈트라우란차파스의 고개로 가는 도로에 다다랐다. 또 억수로 소나기가 퍼붓기 시작했다. 번갯불 때문에 우리는 눈이 부셨다.

하루에 세 번이나 몰아닥친 악천후가 이 지방 일대에 커다란 피해를 안겨 주었다는 사실을 나는 나중에야 알았다.

우리는 이제 은신처를 찾을 필요조차 없었다. 빗물에 흠뻑 젖은 몸으로 산장에 도착했던 것이다. 한참 동안 문을 두드리니 산장 주인은 문을 열어 주었다. 그는 설마 우리가 돌아올 것이라고는 생각하지 않았던 모양이다. 우리는 이틀 후에야 펠모 북벽의 모험을 마치고 겨우 집으로 돌아왔던 것이다. 왜냐하면 악천후 때문에 도로가 여러 군데 파괴되고 다리가 몇 군데나 부서져 떠내려갔기 때문이었다.

기묘한 산행

　내가 행한 가장 기묘한 산행은 호호파일러의 북벽 등반이
다. 특별히 어려웠던 것도 아니고 또 특별히 가파르다고
생각된 것도 아니었기 때문이다. 아니, 그와는 정반대로 파일
러의 북벽은 오히려 쉬운 벽이었다고 생각된다. 그때는 귄터
나 나는 몸의 상태도 좋았고 모두가 아직은 젊기 때문에
그렇게 생각했을는지도 모른다. 아무튼 우리는 칠러탈 알프
스의 이 빙벽을 한 시간도 채 걸리기 전에 올랐던 것이다.
이상한 것은 이 벽을 오르기 위하여 먼저 하강해야 했기
때문이다. 그때 비너 산장은 초만원이었으며 집채가 터져나
갈 정도로 많은 사람들이 북적거리고 있었다.
　산장에는 많은 사람들이 붐비고 있었던 것이다. 그래서
귄터와 나는 할 수 없이 그대로 전진해 나아갔다. 틀림없이
잠자리를 마련해 주겠다고 말했지만. 손님 한 사람이 현관
앞에 나와 조용한 구석에 2~3 제곱미터 정도의 장소가 비어
있으니 쉬어가라고 권했으나 우리는 고맙다는 인사를 남기고
산장을 떠났다. 우리는 둘이서 조용히 쉬고 싶었기 때문에

그곳이 마음에 들지 않았다. 게다가 반시간 전부터 호흐파일러 북벽으로 가는 길을 잘못 들어서고 있다는 것을 알고 있었기 때문이다. 뿐더러, 이것은 우연한 일이었지만, 비너 산장으로 오르는 도중 하산하는 등산객들을 만났는데, 모두 호흐파일러의 굉장한 눈의 상태를 경탄하면서 서로 이야기하는 것을 듣고 알고 있었기 때문이기도 했다.

그 중 한 사람에게 북벽의 얼음상태에 대하여 물었는데 그는 그저 웃으며 비너 산장에서부터는 북벽의 등반로 초입에 접근할 수 없을 거라는 것이었다.

귄터는 '그런 일이 있겠어? 난 못 믿겠는걸.'하고 말할 요량으로 나를 바라봤다. 더 상부 쪽으로 올라와 목동 한 사람을 만났다. 그는 산길 아래쪽에 있는 허물어진 작은 석조의 산막 앞에 쭈그리고 앉아 있었다.

그는 나이가 꽤 들어 보였다. 우리는 그에게 다가가서 호흐파일러 북벽으로 올라가는 길을 물었다. 그는 다비트라고 했으며 양을 치고 있다고 하기에 대화 중에 그를 부를 때 우리는 "다비트, 템 히르텐(양치는 다비트)."이라고 불렀다. 자기가 기르고 있는 양은 흰 것이 387마리, 검은 것이 313마리나 된다고 했으며, 30분이면 비너 산장에 당도할 수 있다는 것도 알려 주었다.

북벽을 올라붙으려면 차라리 하산하여 다음 일요일에 북쪽에서 호흐파일러를 오르는 것이 도리어 낫다고 설명해 주었다. 어쨌든 우리는 길을 잘못 들어섰던 것이다 ! 마음을 정하

지 못한 채, 비너 산장 주위를 크게 원을 그리다시피 맴돈
얼마 후 '호흐파일러'라고 쓰여진 푯말에 마주쳤다.

우리는 이 푯말의 화살 표시를 따라서 올라가기로 했다.
반드시 이 길로 올라가고 싶은 생각은 없었으나 발이 가는
데로 그저 올라갔다. 뚜렷한 목표가 있는 것도 아니었다.
호흐파일러의 정상이 우리들의 목표는 아니었다. 목표는
북벽이었다.

밤이 되자 우리는 비박색으로 기어들어가 아침을 기다렸
다. 반대쪽으로부터 북벽을 넘어서 북녘의 등반로 초입에
도달한다는 것은 목동인 다비트로서는 상상도 할 수 없는
일일 것이라고 나는 생각했다.

올라갈 수 있는 빙벽이라면 틀림없이 내려갈 수도 있다.
이것이 나의 생각이었다. 새벽 2시경이 됐다. 우리는 그저
참고 앉아서 기다리고만 있을 기분이 아니었다. 굳어진 몸을
이끌고, 썩 마음이 내키지는 않았으나 빙하를 가로질러 동이
트는 새벽녘에 정상을 향하여 올라갔다. 벽은 발 밑에서
아래로 수직으로 내리치닫고 있었다.

피켈을 만년설에 힘껏 박은 다음, 귄터를 자일에 몸을
묶게 하고 팽팽히 잡아 당기면서 북벽 아래쪽으로 내려보냈
다. 그는 한발한발 내려갔다. 잠시 후 귄터는 얼음 위에 작은
스탠스를 깎아 만들고 두 개의 아이스 스크류를 힘껏 때려

박았다.

그리고 어깨에 자일을 감더니 "내려와도 좋아!"라고 소리높이 외쳤다. 빙벽은 미끌미끌했다.

군데군데 수북이 쌓여 불쑥 내민 눈의 길다란 섬이 거무스름한 얼음 위에 붙어 있다. 위에서 아래로 거의 수직으로 내리치닫고 있었다. 아이젠의 앞쪽 포인트 네 개가 얼음 속으로 불과 2, 3 밀리미터 정도밖에 들어가지 않는다. 나는 다리를 조금씩 벌려가면서 내려갔다. 오른손에 든 피켈이나 왼손에 잡아쥔 아이스 하켄은 다만 몸의 균형을 유지하는 데만 이용할 뿐이다.

천천히 귄터가 있는 곳으로 내려가서 나는 귄터를 그 자리에서 기다리게 하고 다시 팽팽히 잡아당겨 주는 자일에 의지하면서 40미터를 내려갔다. 그리고 스탠스에 서서 두 개의 아이스 하켄으로 자기확보를 하고 귄터를 내려오도록 했다. 이렇게 해서 우리는 두 시간 가량 선두를 바꿔가면서 내려갔다. 벽의 기슭 근처에 당도했는데 빙하 가장자리에 금이 간 크레바스의 틈이 너무 넓어서 뛰어넘을 수가 없을 것만 같았다.

그러자 귄터가 자일을 좀 느슨하게 풀어 주면서 과감하게 뛰어넘으라며 원기를 북돋아 주었다. 이윽고 뛰어넘어 내려온 나는 눈 속을 헤집고 얼굴을 내밀었을 때 위험을 무릅쓰고 과감하게 뛰어넘었다는 것이 몹시 뿌듯했으며 기뻤다. 빙하의 가장자리에 금이 나있는 크레바스를 뛰어넘은 바람에

벽의 기슭에서 빠져나왔다는 것을 알았다.

그리하여 마침내 우리는 북벽을 오르기 시작하게 된 것이었다. 이제 얼음에 스텝 커팅을 피켈로 할 필요도 없었다. 선두를 교대로 바꿔가면서 기어내려온 루트를 따라서 피치 하나하나를 계속해서 위로 올라갔던 것이다.

새벽 6시, 정상에 섰다. 새벽 사이에 이 벽을 두 번이나 하게 된 셈이었다. 한여름이라 우리에게는 아직도 긴 하루가 남아 있었다.

거대한 오버행

페라디파사에서 디루피디라르세크 산군을 바라보는 사람이면 누구나 두드러지게 눈에 띄는 삼각모양의 지붕처럼 내민 바위에 틀림없이 눈길이 멈출 것이다. 아마도 이 일대에 이처럼 거대한 오버행은 없는 것으로 아는데 이미 이 바위지붕을 오른 사람이 있다는 것이었다. 그 사실은 자유등반보다 하켄기술에 의한 등반에 더 흥미를 갖고 있던 그 당시의 여름에 듣고서 알았다. 그해 여름에는 치메데라바레트에서 몇 개의 암벽을 올랐었다.

어느 벽이나 아래에서 위까지 전부 오버행으로 된 것들이었다. 그래서 이번에는 돌로미테에서 그와 유사한 루트를 철저하게 시도하고 싶은 생각이 들었다. 이 거대한 오버행은 그후 단 한 번밖에 재등되지 않았다는 것을 알게 되어 이 루트를 우리들의 산행계획에 집어넣어 내년 봄에 시도할 생각이었다.

5월이 되자 우리는 곧 라르세크 산군의 바싹 마른 남벽의 아래에 있는 고원목장에서 만났다. 건초를 쌓아두는 헛간의 하나에 열쇠가 채워 있지 않은 것을 발견하고 넷이 헛간 속으로 슬쩍 숨어 들어가 잠자리를 만들었다.

다음날 아침 일찍, 잣나무가 울창한 숲을 빠져나와 등반로 초입으로 올라갔다.

거대한 오버행에 정신을 빼앗기는 바람에 울퉁불퉁한 길에 자꾸만 발이 걸려 넘어질 듯 비틀거렸다.

생각보다 빨리 노란 빛깔의 거대한 오버행 아래에 있는 칸테의 너설에 도달했다. 눈이 내리기 시작했다. 우리는 거대한 오버행 사이를 오르고 있는 동안에는 아무것도 느끼지 못했으나 뒤돌아 보니 눈발이 소용돌이치고 있었다.

거대한 오버행의 한 피치를 오른 지점에서 슬링에 발을 걸고 매달려서 뒤따라 오르는 귄터를 확보하면서 소용돌이치는 눈을 관찰했다. 눈송이는 조용히 내리다가 조금만 돌풍이 불면 또 소용돌이치면서 날아오르는 것이었다.

이윽고 귄터가 내 곁으로 올라왔다. 동생은 힘이 넘치는 모양인지 계속해서 활기차게 다음 피치로 전진했다.

그런데 얼마 만큼 지나자 그는 소리를 고래고래 지르기 시작했다. 감격 따위는 어디론가 사라져버렸다. 바위결이 부슬부슬하여 하켄이 박혀진 대로 잘 지탱해주지를 않는다. 큰 돌덩이가 떨어지면서 굉음을 내더니 100미터나 공중을 튕기면서 쾅쾅 소리내며 하단부의 급사면으로 떨어져나갔다. 아주 천천히 귄터는 전진했다.

"지독한 틈바귀다." 그는 몇 번이고 되풀이하여 말했다.

부서지기 쉬운 부석부석한 바위에서 하켄을 때려박는 것은 특히 어려운 일이다. 때려박아 넣어도 대부분은 제대로 하켄 구실을 잘 하지 못했다.

권터는 크랙이라는 크랙은 모두, 그리고 구멍이라는 구멍은 모조리 찾아서 시도해 본다. 마침내 하켄 하나를 단단히 박고나서 기뻐했다. 그는 픠픠라고 불리우는 두 개의 줄사다리를 두 개의 가느다란 보조자일로 묶어서 안전벨트에 매달아 두었는데 그 중 하나를 풀어내어 하켄에 걸었다. 그리고 조심해서 줄사다리의 가운데 디딤판에 발을 걸면서 몸을 싣고 하켄을 체크하기 위하여 위아래로 조금 잡아당겨 본 다음 제일 위쪽의 디딤판에 발을 올려놓았다.

권터는 똑같은 동작을 되풀이한다. 이 기술의 도움으로 높이 1,000미터나 되는 암벽에서도 루트를 개척할 수 있으리라. 크랙이 없어도 구멍을 뚫어서 익스팬션 볼트(영 : Expansionbolt, 독 : Bohrhaken)를 때려박을 수 있는 것이다. 우리들이 올라온 루트에도 이와같은 익스팬션 볼트가 몇 개쯤 박혀 있었다. 그 사이에 바람이 차졌다. 눈송이가 벽을 내리친다. 바람이 아래로 세차게 불어와서는 휙 지나갔다.

나를 뒤따라 오르고 있던 하이니는 새하얗게 질려 있었다. 그의 직업은 굴뚝 청소부였으므로 창백해진 그의 새로운 얼굴을 보고만 있어도 재미있었다. 한 시간 전부터 같은

돌로미테의 북쪽에서 본 몬테펠모의 모습

장소에 꼼짝 못하고 서 있었던 내 몸은 이내 차가와졌다.

권터는 이를 악물고 등반을 계속하며 돌멩이와 잔돌을
치운다. 지금으로서는 당장 철수 따위는 생각지도 않고 있었
다. 그래, 오버행 상부는 어떻게 되어 있는 걸까? 눈이 쌓여
있을까? 이 오버행의 피치를 오른 다음에도 철수는 가능할
까? 나의 생각이 돌고 또 돈다. 하이니는 걱정스러운 얼굴을
하고 거의 같은 시간에 우리는 생각하고 있는 것을 입 밖에
내뱉었다.

"이제 그만 두는 편이 좋지 않겠어?"

"그래, 철수하는 편이 좋겠지."

우리는 이 암벽의 포로가 되고 싶지는 않았다. 다음날에
다시 시도해서 꼭 올라야지. 우리는 이중자일에 의지하여
피치 하나하나를 하강했다. 흠뻑 젖어버린 몸으로 등반초입
에 도착했던 것이다.

그후 어느 일요일, 우리는 디루피의 기슭에 다시 찾아와
그 헛간에서 밤을 새웠다. 멤버는 그때와 같았다.

그러나 이번에는 산행의 매력을 만들어 주는 긴장감이
없어졌다. 홀드가 여기에 있고 구멍이 이그러진 하켄이 저기
에 박혀 있다는 것을 미리 알고 있는 까닭이었다. 예상 밖의
암장에 빠져드는 일도 없이 그저 기계적으로 사다리를 의지
하고 올라가는 것이었다. 나는 오히려 지루했다. 오전 일찍
이미 오버행 밑에 이르러 슬링 하나를 이용해서 발디딤을
만들었다. 오버행은 우리들의 마음을 짓누르고 있었다. 8미터

남짓 수평으로 몸을 옮겨야 하는데 여기서 체력을 소모해
버려서는 안 된다.

복잡한 마음으로 나는 암벽에서의 춤을 추기 시작했다.
처음에는 발끝으로 올라설 수 있었는데, 이윽고 몸을 바깥쪽
으로 추스려야 할 지점부터는 인형처럼 오버행 밑에서 대롱
대롱 매달렸다.

발 아래에는 깊숙한 400미터 그 밑에 있는 협곡에 잣나무
몇 그루가 서 있었다.

나는 하켄에서 하켄으로, 공중에서 공중으로 몸을 옮기면
서 오버행의 처마를 넘어섰다. 이윽고 상상했던 것보다는
빠른 속도로 원활하게 올랐으며 힘이 많이 들었던 것은 아니
었다. 자유등반으로 5급의 암장을 오르는 것보다 익스팬션
볼트, 카라비너, 피피를 사용한 이와같은 등반쪽이 더 쉬웠
다. 오버행 모서리에서 발디딤용 하켄 두 개를 발견하여
이 하켄을 이용해서 귄터가 뒤따라 올라오도록 했다. 오른쪽
으로 루트를 잡고 여러 줄기의 칸테를 넘어선 다음 정상
암릉으로 진출하였다. 이번에는 태양도 미소를 지어주었다.
우리는 정상에 누워서 미소짓는 햇살을 받으며 휴식을 즐기
고 있었다.

우리의 머리 위를 뒤덮고 있는 지붕이 있다면 그것은 청청
한 하늘뿐이었다. 흘러가는 구름을 바라보고 있을 때 귄터가
팔을 툭 치면서,

"이런 하켄기술의 암벽등반도 재미있지 않아?"라고 단순히

푸에즈 고원

방 랑

　열 살 때, 걸어서 푸에즈를 넘어서
카르테나 고개를 간 적이 있다. 협곡
의 끝없는 높낮이를 오르내리는 동
안, 온몸이 지쳐버리는 바람에 왠지
기분 나쁜 생각에 잠겨 걸어갈 때,
방랑이란 대단한 것임을 깨달았다.
　그리고 또 이 방랑이 일생 동안
자신의 일이 될 것이라고 생각했었
다. 그러나 방랑을 앞으로 계속한다
하여도 더 이상 아무것도 생각할
필요가 없는 경지, 자기자신의 일마저
마음 속에서 사라져 버리는 그러한
무아의 경지에 도달한다는 것은 결코
없으리라.

말했지만, 나는 "일단 할 수 있게 되면 매력은 사라지는 거야. 그러면 뒤에 남는 것은 언제나 같은 거지."라고 무심결에 대답했다. 나는 정말 이것저것 모든 것을 가능하게 하는 익스팬션 볼트에 대해서 생각하고 있었던 것이다…… 그리고 1년 전에 포기하고 철수했던 그 지점에서 위쪽으로 다시 계속해서 자유등반으로 오르리라 마음 먹었다. 사실 커다란 자유등반 루트였다. 앞으로 무슨 일이 있어도 절대 익스팬션 볼트를 쓰지 않을 것이며 하나의 익스팬션 볼트도 가지고 다니지 않을 것을 나는 마음 속으로 결심했던 것이다…….

이루 말할 수 없이 어려운 암벽

우리는 이미 돌로미테에 있는 치마스코토니의 남동벽을 한 번 시도한 적이 있었다. 그때 우리는 세 피치를 오르고 포기할 수밖에 없었다. 시간의 모자람과 불안이 퇴각의 원인이었다—당시 이 벽의 초등반에 대하여 끔찍한 이야기를 해준 것은 하이니였다.

그는 이 초등반의 보고서를 읽고 사흘밤이나 잠을 이루지 못했다는 것이다. 손톱으로 몸을 지탱해야 할 아주 미세한 홀드만의 암장도 있다는 것이었다. 그리고 부득이 가로지를 수밖에 없는 어려운 트래버스 지점이 있다는 것을 읽었다고 한다. 뿐더러 불안정하게 흔들리는, 그나마 단 하나밖에 없는 하켄을 의지하고 펜듈럼을 하여야 하는 곳이라고 했다. 이 벽의 가장 어려운 문제의 장소에서는 세 사람의 몸으로 인간 사다리를 만들어 이 핵심부를 극복하여야 한다는 것이었다.

그래서 지금까지 나온 모든 산악잡지를 샅샅이 찾아보면서 치마스코토니에 대한 기사를 나는 찾아보았다. 그러던 중 이탈리아 산악회의 지나간 1953년도판의 월보 속에서 자세하

게 설명한 기사를 찾아냈다. 초등반자의 한 사람인 루이지
게디나가 당시의 가장 어려운 알프스의 암벽과 비교하여
이 치마스코토니 남동벽을 '이루 말할 수 없이 어려운 암장
을 지닌 암벽'이라고 강조하고 있었다. 초등반이 되기 전에
두 번의 시등이 있었다.

1951년 여름에 가장 강력한 두 사람의 '스코이아톨리' 출신
이 14시간의 등반을 감행하여 암벽 한가운데까지 도달했었
다. 그러나 크랙도 없는 미끌미끌한 암벽을 만나 여지없이
퇴각을 당하고 말았다.

이 두 사람에게 또 같은 클럽의 한 동료가 가세하여 1년
후에 최초의 완등에 성공했었다. 등반시간만도 38시간을
소요했고 암벽에서 두 번 비박을 했다. 6급 이상이나 되는
난이도였다. 그들은 140개의 보통 하켄을 때려박았으며 그중
두 개만을 암벽에 박아둔 채 남겨 놓았던 것이다. 그들은
그 이전에는 그와같은 모험적인 등반을 한 적이 없었다.
스코토니 벽의 제2등이 이루어졌다는 이야기는 아직 전혀
듣지 못했다. 분명 우리는 이 벽을 시도하려는 세번째 자일
파티임에 틀림없었다.

이 벽에 대하여 많이 알고 있었으나 또 한편으로는 모르는
것도 너무 많았으므로 이 벽에 대한 생각이 우리들의 머리에
서 떠난 적이 한번도 없었다.

돌로미테의 칭크토리에서 인공등반을 시도하고 있다.

우리는 등반초입 지점을 알고는 있으나 과연 상부는 어떻게 되어 있는지 전연 모르고 있었다.

우리도 파네스 지역에 다시 왔다. 이번에도 날씨는 좋아 아침 일찍부터 벽에 붙어 오르기 시작했다. 처음에 시등했을 때 만난 첫번째 오버행의 장소에 서너 개의 하켄을 남겨두었던 것이 아주 잘 했다고 생각되어 안심이 되었다. 그때 구멍마다 잘 살펴서 최소한으로 필요한 하켄만 박았다. 이 바위는 특히 하켄이 잘 먹혀 들어가지 않았으며 반들반들한 바위결이었다.

일단 안심할 수 있는 장소를 통과하고 이어서 위로 기어올라가 밴드에 도달하였다. 이 밴드 위에서 우리는 처음으로 만나게 되는 거대한 바위선반을 향하여 포복자세로 기어서 전진했다. 이 바위선반을 지난 다음 자일 한 동쯤 되는 길이의 피치에 진출하자 암장은 극도로 어려워지기 시작하였다. 홀드가 적은 깎아지른 암벽을 넘어서 나는 노란 빛깔의 V형 디에드르에 도달하였다. 이 V형 디에드르를 지나서 지붕처럼 튀어나온 바위 아래까지 올라갔다.

갖은 고생 끝에 간신히 이 지점을 넘어 그 위에 확실한 중간하켄을 때려박았다. 이것이 이 피치에서 유일하게 때려박은 하켄이었다. 여기부터 드디어 그 악명높은 트래버스의 하나가 시작되었다. 위로 한 구간 정도는 관찰할 수 있으나 그 위부터는 칸테가 시야를 가로막고 있었다.

"저 칸테 뒤에 작은 홀드라도 없는 날이면 나는 떨어져

나갈 판이다 !" 라고 아래에서 확보를 하고 있는 제프에게
소리높이 외치고 오른쪽을 향하여 트래버스를 시작하였다.
좁은 렛지(ledge)위에 손가락을 걸고 몸을 앞으로 옮겨갔
다. 그런데 고맙게도 칸테 뒤에 홀드가 있었다. 제법 큰 홀드
였다. 이러한 방식의 등반은 정말 내 마음에 드는 쾌적한
등반이었다. 단단한 바위, 작은 홀드 그리고 논리적인 루트,
유일한 자유등반의 루트가 있기 때문이었다.

오늘날 첨예적인 등반에는 두 가지 흐름이 있다. 하나는
생각해낼 수 있는 모든 보조수단을 동원하여 목적에 도달하
려는 흐름이고 또 하나는 여기에 나자신도 속하고 있다고
생각하지만 자기자신으로 하여금 인간 대 산(人間對山)과의
관계를 큰 부조화적인 것이 되지 않도록 스스로 제한을 가하
여 등반을 하려는 흐름이다.

등산가라는 것은 트레이닝, 기교, 경험을 통해서 자신의
능력 한계를 높이고, 그렇게 함으로써 극도로 어려운 암벽을
자유등반으로 올라갈 수 있는 것이다. 나 자신은 다른 사람
이 오른 벽을 재등할 때는 초등자보다 하켄을 적게 때려박고
자 노력하고 있다. 그리고 아주 적은 수의 하켄을 사용하여
가능한 한 직선 방향으로 정상에 도달하는 선을 암벽에서
찾아내려 했다. 이러한 새 루트야말로 내 생각에 따르면
이상적인 루트로 직선적인 선을 따라오르면서 기술적인 여러
보조수단없이 최대의 곤란을 돌파하고, 더욱이 8,000미터급의

정상도 그러한 직선적인 선을 따라 기술적 보조수단 없이
최대의 곤란을 돌파해가는 루트라 하겠다.

　물론 이러한 이상은 우리 인간에게는 도달할 수 없는 것임
을 나는 알고 있다. 그러나 이러한 이상에 접근할 수는 있을
것이며, 접근하려는 시도를 하는 과정에서 앞으로 등산발전
의 가능성이 있다고 본다.

　그렇게 생각하는 사이에 우리는 수직의 벽을 넘어서 마침
내 제일 어렵다는 문제의 장소에 도달하였다.

　완전히 단이 진 슬랩 모양새의 오른쪽을 나는 피아츠 기술
을 사용하여 비늘 부스러기 같은 더께투성이의 너럭바위가
암벽에 붙어 있는 지점을 오르고 그 너럭바위의 꼭대기에
슬링 하나를 건 다음, 왼쪽으로 펜듈럼 트래버스를 시도하였
으나 허사였다. 결국 실패하고 말았다. 홀드도 크랙도 하나
보이지 않았으며 전혀 불가능했다.

　여기에서 초등반자들은 세 사람이 몸으로 만든 인간 사다
리를 응용했음에 틀림없다. 나도 계속 시도했다. 구멍, 렛
지, 크랙을 여기저기 열심히 찾아 봤다.

　그런데 아주 우연한 일이었지만 바위에 나 있는 구멍 하나
가 보였다. 암벽 중에서 아주 작은 구멍이었다. 나는 끈기있
게 그 구멍에 보조자일을 통과시키려고 여러 번 시도했다.
마침내 통과시킬 수 있었다. 그리고 또한 홀드라고까지도
할 수 없는 아주 미세한 바위결을 이용하여 마침내 좁은

렛지 위에 다다랐다.

"발을 세울 만한 스탠스가 있어!" 나는 안도의 한숨을 쉬면서 외쳤다. 머리 위의 벽은 우람하게 오버행꼴을 하고 있었다. 이 오버행에 V형 디에드르의 틈바구니가 있어서 이 지점을 돌파할 수 있었다. 초등반자들은 이 우람한 암장에 30개나 되는 하켄을 박고 올랐지만 제프는 다섯 아니면 여섯 개로 돌파했다. 믿을 수 있는 확실한 중간확보를 받을 때마다 제프는 대담하게 가랑이를 벌려가면서 5미터, 6미터, 8미터를 올라갔다.

상부부터는 암장이 쉬워졌다. 하켄을 하나도 박지 않고 계속 위로 열심히 고도를 높여 갔다. 안개가 솟아 올라왔다. 훨씬 아래부분에서 오르고 있었던 하이니와 레나토는 우리들이 올라온 루트를 잃어버리고 말았다. 그때 나는 정상으로 빠져나가 그 얼어붙은 크랙을 통과하기 위하여 온갖 힘과 기량을 쏟고 있었다. 눈이 세차게 내리고 있는 것도 한동안 잊고 있었다. 그 얼어붙은 크랙을 빠져나와서 비로소 눈발이 휘날리고 있는 것을 알게 되었다.

이제 정상으로 가는 암릉에 진출한 것이다. 이 정상으로의 암릉이 나올 때까지 수많은 우회를 거쳐 우리는 올라온 것이다. 모든 것이 트래버스의 연속이었다. 한번은 오른쪽 또 한번은 왼쪽을 향하는 등, 트래버스를 함으로써 자유등반이 가능했다. 이렇게 함으로써 분명 루트는 길어지기도 했으나 손발만 사용한 자유등반을 할 수 있었던 것이다.

북쪽에서 본 드라이친네

꿈

　이전에 질풍노도의 기세로 오르고
있었던 그 무렵과 같이 맑게 갠 하늘
과 저녁의 따스함이 나를 호기심과
불안이 활활 타오르는 꿈으로 유혹한
다. 저 스코이아톨리 칸테, 그로세친
네 북벽, 클라이네친네 북벽 등의
잊지 못할 체험이 나를 흥분케 한다.

　설사 기술을 동원하여 이 암벽을 직등한다 하여도 아마도 무의미한 길일 것이다. 하켄을 함부로 때려박고 짧은 루트를 오르기보다 이와같이 손발만 쓰는 긴 루트를 오르는 것이 훨씬 좋다는 것은 아무도 부정하지 않으리라. 그러나 이러한 자유등반의 루트를 알고 있는 사람이라도 과감하게 오르고 싶은 생각을 하지 않는 사람에게는 아무 관계도 없는 문제일 뿐이다.

슈테비아 북벽의 크랙

치스레스에는 전과 같은 고요함이 다시 찾아왔다. 케이블카도 리프트도 조금 전에 멎어있었다. 우리는 장크트 크리스티나에서 켄스부르거 산장으로 올라갔다. 시커먼 잣나무 수풀 속에 낙엽송이 빨갛게, 노랗게 서 있다. 햇빛을 받고 있는 가이슬러슈피체 침봉의 남벽이 황색 빛깔을 머금은 갈색의 고원목장의 초지 속에 선명하게 솟아 있다. 주위에는 사람 그림자라곤 하나 없었다. 이것이 나의 어린 소년시절부터 낯익은 치스레스알페라고 불리우는 고원목장이었다.

오른쪽 위를 올려다보면 마치 깎아세운 것처럼 슈테비아의 암벽이 아래로 뚝 떨어지고 있었다.

"저 벽에 비나처가 개척한 루트가 있을 것 같아. 지금도 역시 6급 루트다."라고 말한 것을 들은 적이 있었다. 호기심에 찬 눈빛으로 이 암벽에 있는 '비나처리스'라고 불리우는 크랙을 찾았다. 대부분이 오버행을 할 수 있는 암벽에 이 크랙은 황색을 띤 하얀 현애(懸崖)를 지나서 지붕꼴의 거대한 암장에 디디르고 있었다.

　지금 이렇게 바라보고 있는 우리들도 이 크랙이 돌로미테의 등반 루트 중에서 가장 험악하게 깎아지르고 있다는 것을 알 수 있었다. 산장에서 가이드로 일하는 헤르만 불의 자일 파트너였던 쿠노 라이너를 만났다. 이때 그는 슈테비아 암벽의 제2등을 시도 했었으나 2피치 아니면 3피치를 올랐을 뿐 단념하고 말았다. 라이너는 잘 시도해보라는 격려의 말을 우리에게 해주었으며 여러가지 방법을 알려준 다음 장크트 크리스티나로 내려갔다.

　그 무렵 우리들 알피니스트의 세계에서는 제법 훌륭한 일들이 이루어지고 있었다. 당시는 이러한 루트를 시도한다 해서 머리가 돈 것이 아니냐고 생각하는 일없이 서로 상대방을 잘 이해할 줄을 알고 있었다.

　이튿날 산장을 뒤로 남기고 떠날 무렵 벌써 날이 밝아왔다. 하늘에는 구름이 무거운 듯 낮게 깔리고 랑코펠은 아래쪽에 있는 '피흘의 전망대'까지 몽땅 회색 모자를 쓰고 있었다.

　한 시간이 채 되기 전에 우리는 오버행을 이룬 크랙 하단에 도달했다. 처음 100미터쯤 올라온 지점에서 크랙은 갑자기 10미터 가량 공중으로 툭 튀어나와 있는 오버행으로 되어 있었다.

_____

레겐스부르거 산장 위로 슈테비아가 보인다.

이 크랙을 손발만을 써서 계속 올라갈 수 있을 것인가. 크랙의 바깥쪽을 타고 가랑이를 크게 벌리면서 기어올라서 크랙 안에 구멍이 나있는 곳까지 전진했다. 살짝 손을 갖다 댄다는 정도로 몸놀림을 추스리지 않으면 안 되었다. 스탠스의 바위도 체중을 걸면 곧 무너져 떨어져 나갔다. 중간하켄을 하나도 박지 않았다.

도중에 지붕같이 튀어나온 곳이 나타났다. 그 아래 하켄 두 개가 보였는데 훨씬 안쪽에 박혀 있었다. 또한 처마 같은 바위의 가장자리에는 초대형(超大型)하켄이 박혀 있었다. 따라서 마지막 크랙 오버행을 넘어서기보다는 이것을 사용하는 것이 안전하고 확실했다.

처마 모양의 암장에서 그 위부터는 공중으로 툭 나와있는 돌출 부분을 전진해 갔다. 다만 발 아래의 카르에서 큰 암괴가 점점이 보일 뿐이었다. 이렇게 해서 깊은 계곡의 바닥을 내려다 보니 지금 자신이 대단히 위험한 곳에 있다는 것을 알게 되어 오히려 새로운 힘이 솟아났다. 비가 부슬부슬 내리고 있었다. 마지막 V형 디에드르는 젖어 있고 이끼가 끼어 있으나 다행히 그렇게 어려운 곳은 없었다. 마지막 처마 모양을 한 돌출부 아래를 트래버스하여 우측으로 나오니 고원목장의 초지로 빠져나올 수가 있었다. 우리는 그 고원목장의 초지 위에서 데굴데굴 구르면서 "해냈어, 아주 훌륭했어."하고 서로 기쁨을 감추지 못하였다.

겨울의 푸르체타 북벽에서의 경주

　나의 집은 가이슬러 산군에 있다. 보다 자세하게 말한다면
나는 빌네스의 계곡에서 살고 있다고 말해야 할 것이다.
가이슬러슈피체는 내가 태어난 고향의 계곡을 가로막고 남동
쪽으로 솟아있다. 여러 가지 모양을 한 침봉이 브로그레스
고원 목장에서 슈루터 산장 가까이까지 뻗어 있다. 이 침봉
가운데는 가늘고 긴 페르메다 암탑과 폭이 넓은 자스리가이
스가 솟아있고 멋진 선을 이루고 있는 발두사·오들라가
이어져 있으며 거기에 푸르체타 북벽이 나란히 솟아있다.

　이 푸르체타의 북벽은 처음부터 나의 크나큰 꿈이었으며
이상적인 상(像)의 산이었다. 깎아지르고 있다기보다는 수직
의 벽이며 정말 웅장한 모습을 자랑하고 있다. 나는 어린
시절부터 푸르체타를 수도 없이 장크트페터에서, 그슈마겐하
르트의 초원에서, 글라취 목장에서 바라보았다. 지금도 기억
에 생생하지만 나는 아버지와 함께 숲과 카르 사이로 산책을
한 적이 있다. 그때 우리는 눈앞에 솟아있는 북벽을 뚫어질
듯이 샅샅이 쳐다보았다. 나에게 북벽은 끝없이 높은 것으로

만 보였다. 햇빛이, 제일 높은 벽의 상단부에 잠깐 쏟아져 내리고 있었는데 정상 부근에는 하얀 작은 점들이 무수히 움직이고 있었다. 틀림없이 새들이었으리라.

그리고 처음으로 북벽 상부에서 아래를 내려다보았을 때 나는 소스라치는 전율을 느꼈다. 감히 심연의 끝까지 가고 싶은 마음을 가질 수 없었다. 그러나 그로부터 10년이 지나 나는 이 벽을 완등했었다. 여름의 어느 일요일에 나는 세 사람의 친구와 함께 올랐던 것이다.

이 벽의 제2등을 하게 된 것은 다음과 같은 사연에서였다. 푸르체타를 오른 친구 중 한 사람인 하인를이 2월애 나를 찾아왔다. 여러 가지 알아봤는데, 우리가 알고있는 한 푸르체타에서도 아직 동계등반이 이뤄지지 않고 있다는 것이었다. 이러한 생각이 그를 흥분시켰던 것이다. 물론 나는 하인를의 기분을 잘 이해할 수 있었다.

그는 숲이나 농장에서 고된 일을 하고 있었는데 언제나 북벽 기슭에서 정상까지의 모든 장관을 바라보며 살고 있는 터였다. 따라서 언제까지나 이런 식으로 바라보고 있는 것만으로는 만족할 수 없다는 것을 나도 이해할 수 있었다.

우리는 최종적인 결정을 내리지 않고 '어쩌면'이라는 말만 남기고 서로 헤어졌다. 3월의 어느날 아침 밖에 나와보니 제법 따사롭고 아주 맑게 갠 날이라 산록에 꾹 참고 있을

푸르체타 북벽. 왼쪽엔 바서코펠과 오들라디발두사가 있다.

수만은 없는 심정이었다.

나는 곳간 문 앞에서 하인들을 만나게 되었다. 결의에 가득찬 그의 미소를 보고 나도 마음을 정했다. 내일은 꼭 출발하게 되겠지. 밤이 되어도 개었지만 추웠다. 쌍안경을 꺼내어 북벽을 바라다보니 이상하리만큼 많은 눈이 쌓여 있었다. 나는 불안한 밤을 지냈다. 꿈을 실현하려는 판국인데 희망과 의문이 반반이었다. 위험하다는 것을 우리는 잘 알고 있다. 나는 불안한 나머지 몸을 이리저리 뒤척이며 깊은 잠을 이루지 못하고 새벽 3시에 일어났다.

일부러 우리 일로 일찍 일어난 한 친구가 자동차로 마을 변두리의 가장 끝에 있는 농가 너머까지 바래다주었다. 그곳에서 우리는 배낭을 어깨에 짊어지고 피치를 올려가며 산으로 향했다. 출발한 지 얼마 안 되어 뮌헨의 번호판이 붙어있는 폴크스바겐을 하나 만났다. 도대체 이런 곳에서 무엇을 하려는 건가?

우리는 손전등으로 차 안을 비추어 봤다. 목제의 쐐기와 보조자일이 보였다. 다른 패거리가 북벽을 하기 위하여 온 것임에 의심의 여지가 없었다. 우린 부풀었던 마음이 깨어져 그저 앞으로만 걸어갔다. 그때까지 어둠에 잠겨있는 북벽으로 시선을 이리저리 던지며 찾아보았다.

우리들의 꿈이 덧없이 사라져가는 것처럼 느껴졌다. 갑자기 몸이 무거워지고 지쳐서 털썩 주저앉고 싶은 기분이 되어 버렸다.

　그저 허리를 쉬게 하고 싶었다. 이런 기분으로 빠져든 것은 모두 뮌헨에서 온 폴크스바겐 안에 있는 서너 개의 쐐기 탓이었다. 그래도 우리들의 눈에는 낡은 곳간의, 조잡하게 만든 통나무 사이에서 새어 나오는 붉은 빛이 들어왔다. 그 패거리가 곳간 안에 들어가 있음에 틀림없었다. 우리는 한 마디도 입 밖에 내지 않고 살금살금 그 곁을 지나갔다. 그곳을 100미터쯤 지나왔을 때 그들이 곳간에서 나오더니 스키의 죔쇠를 채우고 있었다.

　그리고 우리의 뒤를 따라오고 있었다. 등반로 초입 지점까지 경쟁할 생각은 별로 없었으나 솔직히 말해서 이날 새벽에 늦잠을 자지 않았다는 것이 나는 기뻤다. 협곡에 도착하여 우리는 서로 인사를 나누게 되었다. 그들은 브루네크에서 온 클라이머였으며, 제법 노련한 멤버였다. 등반로 초입 지점에서 우리는 모두 한 자리에 모이게 되었다.

　하인를과 나는 첫번째 자일파티로서 암벽에 붙어 오르기 시작하였다. 몸을 에이는 듯한 추위였다. 홀드와 스탠스에는 바람에 휘날린 눈이 쌓여있다. 올라오는 사이에 몸이 따스해지고 얼음처럼 찬 바위를 손으로 힘껏 움켜쥘 수 있게 되었다. 평형감각도 되찾게 되어 눈이 쌓인 너럭바위의 슬랩 위를 전진해 갔다. 1미터를 오를 때마다 우리는 확보를 했다. 브루네크에서 온 일행의 모습은 이제 보이지 않았다. 도대체 어디쯤 올라와 있는 걸까? 정오경 될퍼칸젤의 지점에 도착했다. 애를 먹어가며 가까스로 코펠에 불을 붙였다.

그러나 우리들이 걱정스러워 했던 것은 거의 사라졌다. 다만 우려되는 것은 정상암벽에 휘날리는 눈보라뿐이었다.

왠지 불안한 느낌이 들었다. 정상암벽은 어렵다. 이렇게 되면 홀드도 스탠스도 모두 눈 속에 파묻히고 만다.

아래에서도 그러한 상황이 잘 보였다. 지평선 위에는 길다랗게 하얀 구름이 피어 오르기 시작했다. 그곳에도 이제 눈이 휘날리기 시작하였다.

우리는 출발했다. 수직으로 된 처음 몇 군데의 크랙을 곧 올라갈 수 있었다. 발 아래에 심연의 아귀는 점점 커져갔다. 커다란 동굴 모양을 한 장소를 통과하여 상부로 빠져나가는 암장에 쌓인 눈을 먼저 치워야 했다.

20킬로그램이나 되는 배낭을 짊어진 하인를이 이 암장을 가랑이를 크게 벌려 가면서 올라가는 모습을 보고 나는 경탄할 뿐이었다. 크랙의 좌측에서 우측으로의 트래버스 지점은 제법 쾌적한 등반이었다. 훨씬 아래쪽에 브루네크에서 온 일행이 협곡의 눈에서 제동을 걸면서 굽이쳐가는 모습이 보였는데, 그때 나는 완전히 수직의 벽에 있는 마지막 처마 모양의 바위 아래의 취약한 크랙 안에서 몸부림치고 있었다. 이 벽은 내가 가지고 있는 기술을 능력의 한계에 이르기까지 요구하는 것이었다.

3일분의 무거운 장비를 짊어진 하인를이 어떻게 해서 이 암장을 넘었는지 지금도 나에게는 수수께끼이다. 이 피치는 홀드의 거의 전부가 단단하지 않고 게다가 눈 속에 파묻혀있으며 때려박은 하켄은 흔들거렸다.

눈 속에 파묻혀 있는 이 황색 빛깔의 크랙보다도 위로
빠져나가는 곳에 있는 마지막 처마꼴의 바위쪽이 군데군데
얼어붙어있는 상태였으나 오히려 어렵지 않았다. 마지막
침니에서 배낭이 침니의 틈서리에 걸려서 꽉 끼는 바람에
많은 시간을 소비했다. 침니를 올라온 다음에야 배낭을 끌어
올리고 마침내 몇년 전에 함께 올랐었던 바로 그 바위 위에
우리는 설 수 있었던 것이다. 우리는 둘이 서로 미소지을
따름이었다.

마을에는 등불이 켜지기 시작하였으며 시간이 늦었다는
것을 생각나게 했다. 그리고 브루네크에서 온 일행이 우리를
기다리고 있다는 것도 생각나게 했다. 빨리 내려가야 한다.
남벽의 일반 루트에는 거의 눈이 없었으므로 푸르체타와
자스리가이스 사이에 있는 잘록한 안부까지 빨리 내려 갈
수 있었다.

주위는 어두워졌다. 우리는 현수하강을 하면서 내려갔다.
그리고 안전한 만년설의 빙원을 넘어서 린네로 내려갔다.
희미한 손전등의 빛을 의지하고 손으로 더듬어 가면서 북벽
아래를 지나서 우리의 스키를 찾았다. 달빛이 간절했으나
오늘따라 달은 그 모습을 감춰 버렸다. 고생고생해가며 야간
활강을 하여 글라취의 고원목장에 도달하였다.

깊은 스키 흔적을 발견하고 이 흔적을 따라서 칠흑 같은

어둠 속을 전진했다. 공기는 축축하고 차가웠다. 독일 가문비
나무에서 물방울이 툭툭 떨어지고 눈은 스키에 얼어붙었다.
첫 등불을 보았을 때 처음으로 사람의 소리를 들었다. 이리
하여 장크트페터까지 앞으로 한 시간이 걸린다는 것을 알았
다. 그 농가에 우리는 스키를 세워두고 똑같은 걸음걸이로,
그러나 무거운 발걸음을 내디디며 앞으로 전진해 나갔다.
우리는 자주 농담을 하였으나 그때마다 깊은 생각에 잠기곤
했다. 그리고 피로에 지쳐서 기쁨도 억눌리고 말았다.

　우리들의 생각은 언제까지나 북벽에 매달려 있었다.

　밤 11시경에 우리는 마을에 도착했다.

토레달레게의 시등

　　하이니가 아침밥을 준비하고 있는 동안에 나는 종이 한 장을 꺼내어 '1966년 8월 12일, 토레달레게의 북벽 재시등, 출발 오전 6시'라고 적었다.

　　그러자 밥을 짓고 있었던 하이니가 '재시등'이라는 맥빠진 말에 화를 내면서 "두고 보라지, 우리가 끝내줄 거야."라고 말했다. 그래서 나는 종이 한 장을 또 꺼내어 "토레달레게의 북벽 제2등…이라고 적으면 되지."라고 말하자 하이니는 다소 누그러졌다.

　　그러나 나는 처음에 적어둔 메모지를 슬쩍 텐트 속에 숨겨 넣고 출발했다. 전날에 우리는 이 암벽에 대한 확실한 그림을 마련했다. 암벽기부는 자일없이도 오를 수 있다. 첫번째 크랙은 이것 또한 손과 발로 쉽게 오를 수 있다. 황색 빛깔을 띤 V형 디에드르의 틈새가 제일 어려워 하켄을 박아 올라가야 할 곳이다. 그리고 수수께끼를 풀어야 할 열쇠를 쥐고 있는 곳이 황색을 머금은 회색의 오버행이다. 또한 회색의 정상 암벽은 슬랩의 등반을 즐길 수 있는 곳이다.

이제 우리는 람페의 등반로 초입 앞에 서게 되었다. 람페는 별로 어렵지 않았다. 이따금 작은 벼랑의 출현이 우리들의 쾌적한 등반속도에 제동을 걸었다.

첫번째 크랙은 생각보다 쉬웠다. 버트레스의 측릉(側稜) 꼭대기로 진출하여 나는 안전한 스탠스를 만들었다. 이윽고 하이니가 뒤따라 올라왔다. 목제 쐐기 하나에만 의지하여 몸을 확보하고 하이니는 오른쪽을 향하여 트래버스했다.

그리고 황색의 V형 디에드르를 쭉쭉 올라갔다. 그는 공중으로 튀어나온 스탠스에 도달했다. 나는 그 왼쪽으로 앞질러 올라가 천천히 몸을 밀어젖히면서 황색 빛깔을 띤 암벽을 넘어갔다.

나는 검은 오버행 아래에서 몸을 매단 채 고개를 갸우뚱거렸다.

얼마를 더 가야 하지?

머리 위에는 하켄이 하나도 없었다. 손과 발만으로는 도저히 올라갈 수가 없었다. 그러나 아래로 좀 떨어진 곳에 두 개의 녹슨 하켄이 보였다. 이것을 이용하여 짧은 트래버스 구간을 팬듈럼 현수의 동작으로 몸을 이동하고 좁은 밴드에 다다랐다. 이 바위 선반에 서서 스탠스용 하켄을 박아 넣으려고 무진 애를 썼으나 허사였다. 크랙은 어디에도 보이지 않았다. 바위는 쇠처럼 단단했다. 가까스로 목제의 쐐기와

콜다이에서 본 치베타. 왼쪽에서 두번째의 암탑이 토레달레게

U형 하켄을 사용하여 안전한 스탠스를 마침내 마련할 수 있었다. 하이니는 머리 위로 솟구쳐있는 장갑차의 철판 같은 회색의 슬랩을 향해서 돌격을 개시했다.

그는 제일 작은 하켄을 자연 그대로의 구멍에 박아넣었다. 비늘 같은 바위 부스러기가 부서져 나갔다. 암벽 어디를 찾아 봐도 크랙은 없다. 하이니는 도대체 어디에 하켄을 때려박으려는 생각인가? 그때마다 하이니는 과감하게 자유등반을 해가며 몇 미터씩 쟁취하는 것이었다.

작은 구멍을 하나하나 충분히 살핀 다음에야 쐐기나 하켄을 박을 수 있었다. 그래서 시간이 한 시간 또 한 시간…….좁다란 렛지 위에서 나는 하이니와 다시 합류했다. 이번에는 내가 선두에 서서 마지막 남은 어려운 피치를 오른다. 멋진 자유등반을 구사하면서 나는 한 람페로 진출했다. 이 람페를 올라서고 우리는 몇분 후 정상에 도달했다.

우리는 멋지게 시등에 성공하였다.

데마벤드의 눈보라

테헤란에서는 어찌나 매사가 뒤죽박죽 뒤엉키는지 우리는 데마벤드 원정에 꼭 필요한 일기예보를 자세히 알아볼 여유도 갖지 못했다. 이 거대한 원추형의 화산은 페르시아의 황량한 산악지대의 머나먼 상공에 솟아있다. 표고 5,000 미터를 넘은 이 산이 이 나라의 최고봉이다. 데마벤드는 등반기술상 어렵지는 않으나 고립된 위치에 자리잡고 있으므로 날씨의 급변이 자주 일어나고 위험이 그다지 없는 설사면에서도 갑자기 지옥 같은 양상으로 변할 수 있는 곳이다.

우리는 페르시아 수도의 동쪽 약 300킬로미터 지점에서 처음으로 이 산을 바라보게 되었다. 정상은 길다랗게 안개에 덮였고 어두운 회색은 보는 사이에 점점 더 어둑어둑한 빛깔로 바뀌어 갔다. 불안한 느낌이 들었으나 날씨에 대한 걱정스러운 생각을 다른 일행에게 떠맡겨 나눠 갖고 싶은 마음은 없었다.

일행은 웃으면서 농담을 주고 받으며 오는 사이에 어느덧 오랫동안 동경하던 목표를 눈앞에서 바로 보게되어 정말 기뻐하고 있었다. '린'이라고 하는 마을에서는 오후에 산록행진의 준비로 오랜 시간을 허비하여 마을을 돌아볼 틈이 없었다. 다음날 산록행진은 길고도 힘들었으나 매우 인상적이었다. 처음에는 논밭을 지나고 다음에는 여러 가지 모양을 한 용암 사이에 흩어진 자갈밭을 가로질러 나아갔다. 해발 4,150미터 지점에서 마침내 경사면의 움푹 들어간 곳에 자리잡고 있는 피난용 움막에 당도했다.

이튿날 아침 눈이 단단히 굳어진 사이에 걸어가기 위하여 움막을 일찍 떠났다. 얼마 후 우리는 바위투성이의 된비알을 넘어서 힘겹게 위로 올라갔다. 4시간 전부터 눈이 내리고 있었다. 많이 내리지는 않으나 끊임없이 계속 내렸다. 이윽고 눈은 진눈깨비로 변하고 서쪽에서는 강한 돌풍이 불어왔다. 그리고 내려 쌓이는 신설을 휘몰아 회오리를 일으키면서 얼굴에 불어댔다. 입고 있던 옷은 단단하고 하얀 갑옷으로 바뀌고 말았다. 서로 의사소통을 하기 위해서는 입을 귓가에 대고 소리를 고래고래 지를 수밖에 없었다. 조금씩 내리던 눈이 이제는 폭설로 변하고 태풍을 몰아올 기세로 우리를 위협하고 있었다. 다른 일행은 어느 틈에 이미 포기하고 움막으로 돌아가버렸다.

나의 자일파트너인 페르시아 사람만이 여전히 나의 뒤를 따르고 있었다. 그는 절대 되돌아서려고 하지 않았다. 어떠한 경우에도 날씨의 불공정을 무시하고 버티어 내려고 했다. 일행 중 한 사람이 그에게 두터운 방한용 모자를 주었는데,

그것을 예비용으로 배낭에 넣어가지고 있었다.

"이것을 가져가면 편리할 거야."라고 방한용 모자를 준 사나이는 하산하기 전에 나의 파트너에게 말했던 것이다.

그러는 사이에 시간은 흘러갔다. 내리퍼붓는 심한 눈과 안개가 방향에 대한 판단을 곤란하게 했다.

"눈이 그칠 때까지 여기에 머물러 있겠다."고 고집스럽게 페르시아인 동료는 말한다. 그러나 이대로 있게 되면 멀지 않아 곧 몸이 차가워지기 때문에 나는 서둘러 철수할 것을 촉구했다.

"날씨는 좋아질 것 같지 않아, 기다려도 소용없는 일이야." 나는 말했다. 우리가 하산하기 시작하여 10분도 채 안 되었는데, 갑자기 날씨가 또 맑아져 왔다. 불과 몇분 사이에 폭풍설은 가라앉은 것이다. 이제 눈은 내리지 않고 안개도 흩어지기 시작했다. 우리들의 머리 위에 데마벤드의 정상이 마치 탑처럼 정적 속에서 불쑥 떠올랐다. 그것은 우리들의 마음을 유혹할 만큼 가깝게 보였다…. 때를 놓칠세라, 우리는 곧바로 다시 오르기로 했다. 그런데 몇분 후에 폭풍이 다시 우리를 엄습했다.

폭풍은 서 있는 자리에서 우리를 날려 보낼 듯이 밀어닥쳐 왔다. 숨을 들이쉬는 것도 겨우겨우 할 수 있었다. 우리는 호된 투쟁 끝에 간신히 움막으로 돌아왔다. 지도와 컴퍼스의 도움으로 간신히 움막을 찾을 수 있었던 것이다. 다행히 선견지명을 가진 우리는 전날에, 전진할 루트에 대한 스케치를 마련해 두었던 관계로 이를 의지하고 방향을 찾을 수 있었다. 움막 안에는 다른 일행들이 옹기종기 비비대고 앉아 있었다.

태풍은 소용돌이치는 눈덩이와 함께 움막의 문을 내리치고 있었다. 태풍은 움막의 벽체를 무너뜨릴 것만 같았다. 그리고 지붕을 마구 뒤흔들어놓고 있었다. 드디어 훨씬 아래쪽의 사면에 서있는 다년생 초목들을 송두리째 뽑아 내동댕이치고 있었다.

움막에서 하산하는 도중 안개 속에서 길을 잃어버리고 린 마을에 당도해서야 비로소 우리는 다시 합류하게 된 것이다. 마을에서 옷을 말리면서 눈보라 속에 서로 흩어져 내려온 경로에 대해서 이야기를 나눴다. 국도에서 멀리 떨어져 있어서 관광과는 아무런 관계도 없는 린 마을은 예나 지금이나 이란의 산골 마을로 어느 책에도 쓰여 있지 않다.

점토로 지은 움막, 공중목욕탕, 낯선 사람이 별안간 나타나자 휙 몸을 돌리며 지나쳐 버리는 베일 쓴 아낙네들, 표정이 풍부한 눈을 가진 아이들, 대문 앞에 갈색 피부의 사나이들이 서 있는 그러한 산마을이다.

아침에는 양떼들을 한 군데에 모아 황량한 돌투성이의 너덜을 넘어서 산쪽으로 몰고 간다. 밤이 되면 이 마을 사람들과 어울려 선술집에 앉아보기도 하고 시장에서 물건을 사보기도 하면 좋을 것이다. 혹은 혼자서 작은 뒷골목길을 거닐어 보아도 좋을 것이다.

마치 다른 세계에 살고있는 기분이 들 것이다. 나는 이곳의 산골 농부의 말을 한 마디도 이해할 수 없다 하여도 그들의 기분만은 알 수 있을 것 같았다.

아이거 북벽 측릉

밤이 깊어서야 우리는 겨우 집으로 돌아왔다. 집 사이 사이의 작은 앞뜰에는 푸른 달빛이 쏟아져 들어왔다. 밤바람이 차갑게 서리 내린 풀 위를 스쳐 지나갔다. 나는 비박했던 밤에 맛본 추위와 고독이 다시 느껴져 몸을 오들오들 떨었다.

가이슬러슈피체의 그림자가 눈이 쌓인 카르의 상공을 유유히 떠돌고 있었다. 밤에 텐트 앞에 서자 니 자신이 갑자기 히말라야에 와있는 그러한 착각에 빠져 히말라야에 와있는 것처럼 여겨졌던 것이다. 높은 산군 위에서 맑게 갠 밤에 맛본 것과 같은 그 차디찬 빛이 있었다. 같은 분위기의 고요함이 거기에 있으며 같은 공기가 그곳에 있었다.

또 그래서 깊이 생각나는 일은 폭풍이 텐트의 끝자락을 세차게 불어젖히던 일, 서리가 얼굴에 흩어지며 떨어져 진저리치던 일과 텐트에서 기어나와 깊은 계곡을 바라보던 일하며 나의 시선은 얼음 벼랑과 낭떠러지를 넘어서 아스라이 먼 베이스 캠프에까지 다다르고 있었던 것이다. 나는 미소를 얼굴에 떠올리면서 어떻게 그와 같은 일을 참아냈는지 생각해 보았으나 알 수 없었으며 앞으로도 과연 참아낼 수 있을지 역시 의문이었다.

아내가 불빛으로 집안을 밝혀주는 사이에 안으로 들어서려고 몸을 돌리는 순간, 비로소 높은 산 위에 쳤던 캠프가 역시 나를 안전하게 지켜준 자리였음을 깨달았던 것이다.

한 통의 편지를 주머니에 집어넣고 귄터와 나는 짐을 잔뜩
실은 자동차를 몰고 남티롤을 떠났다. 베르너오버란트에서
우리들의 성공을 시험하기 위해서였다.

7월 하순이었다. 돌로미테의 대암벽은 모두 눈이 쌓여
있고 동시에 물에 젖은 벽도 군데군데 있었다.

출발하기 전날, 완전히 얼어붙은 퓐프핑거슈피체의 슈엇침
니를 시도하여 보았으나 이빨도 들어가지 않아 실패하고
말았다.

이빨이 들어가지 않아도 이번에는 돌로미테를 떠나는 것이
그다지 괴롭지는 않았다. 서부 알프스에서야 이보다 더 지독
한 경우를 당하겠는가. 게다가 편지도 가지고 있으니 말이
다. 토니 히벨러가 '대사'를 치루기 위하여 베르너오버란트로
우리를 초대했기 때문이었다. 높이 1,800미터! 바위와 눈이
뒤섞인 암장이다.

그 이상 자세한 것은 편지에 쓰여있지 않았다.

벽이나 정상에 대해서 토니는 신중을 기하기 위해서였는지
일체 언급이 없었다. 여하튼 우리는 초대에 응하기로 했으며
날이 갈수록 우리들의 호기심은 더욱 높아갔다.

라우퍼브룬넨 계곡의 제일 안쪽에 있는 슈텍헨베르크에
우리는 텐트를 쳤다. 나의 생각대로였다. 얼음상태는 좋아보
였고 날씨도 이대로 지속될 것 같았다. 저녁 늦게 나는 뮌헨
에 살고있는 토니와 통화를 할 수 있었다. 다음날 그는 우리

들의 텐트로 왔다. 토니가 오고나서 3시간 동안에 모든 준비
를 완료했다. 이 북측릉의 베르너오버란트는 귄터와 나에게
최초의 등반이었다.

그날 오후에 우리는 토니와 함께 클라이네샤이데크로 행했
다. 우리들의 네번째 멤버인 프리츠 마슈케는 이날 저녁
뒤늦게서야 걸어서 왔다. 아이거의 상태는 그다지 좋지 않았
다. 신설이 많았으며 물도 흐르고 있었다. 그렇지만 우리는
이 목표를 해볼 만한 가치가 있는 루트라고 생각하였다.
실제로 이러한 루트를 등반하는 것이 오랫동안 품어왔던
우리들의 소원이었다.

고도차 1,800미터, 바위와 눈이 뒤섞인 암장이며 논리적으
로 선을 긋듯이 오를 수 있는 루트, 낙석의 위험도 적은
암장이었기 때문이다. 알프스의 다른 곳에서 이와같은 과제
를 찾기란 불가능할 것이다. 손전등을 쓸 것도 없이 아침
일찍 등반로 초입으로 가는 길을 찾아나섰다. 잠깐 동안이었
지만 알피글렌에서 올라가는 네 개의 불빛이 우리들의 주의
를 모조리 빼앗아 갔다. 동이 트기 약 한 시간 전의 일이었
다. 우리는 북벽의 기슭을 따라서 전진하고 있었다.

저 네 사람도 측릉을 오르려는 것일까. 우리는 서로 물음
을 주고 받았다. 도대체 그들은 누구일까? 그러나 이윽고
그들이 북벽의 등반로 초입으로 가깝게 가는 것을 보고 우리

스위스 베르너오버란트의 아이거 북벽

는 마음을 놓았다. 우리들이 등반로 초입에서 케른을 쌓고
있을 때 어느덧 아침이 밝아왔다. 안자일렌을 하지 않고
수백 미터를 올라갔다.

암장도 별로 가파르지 않았으며 바위도 예상 외로 좋았으
며 군데군데 가로질러 가야할 만년설의 랍페가 있었다. 이
지점을 통과하고 우리는 빠른 속도로 고도를 높여갔다. 그러
나 오르고 있는 길에 무엇이 우리를 기다리고 있는지 물론
알지는 못했다. 상부쪽에도 지금처럼 좋은 상태가 계속되기
를 우리는 기대할 뿐이었다.

나중에 두 번이나 혹독스러운 비박을 해야했으나 이 일을
미리 알 수 있었다면 여기에서 벌써 되돌아 섰는지도 모른
다. 아마 암벽에도 붙을 기분이 전혀 나지 않았으리라. 과연
이 산행을 다시 한번 하고 싶은 생각이 있을는지 없을는지
의문이었다.

비밀이 이제 더 이상 그곳에 존재하지 않을 때, 기대감이
결여되었을 때, 미지의 세계가 그곳에 없을 때, 또 한번 도전
하고 싶은 생각이 들게 될까? 토니는 우리 둘보다 눈 속으로
깊이 빠져들곤 했기 때문에 욕설을 퍼부었다. 그는 우리보다
체격이 크고, 게다가 제일 무거운 배낭을 짊어지고 있었다.
최초의 낭떠러지 아래로 진출했을 때 안자일렌을 했다. 이리
하여 배낭이 각자 가벼워졌다.

바위는 어느 정도 결빙상태로 부분적으로 몹시 가파른
곳들이 있었다. 아이젠을 착용하고 오르기에는 너무나 가팔

랐다. 그렇다고 아이젠을 착용하지 않고 오르기에는 너무나
도 얼음이 얼어 붙어있는 상태였다. 그래서 나는 아이젠을
신고 벗고 또 신어가며 시등을 계속하였다. 우리들의 템포는
점점 늦어지고 있었다. 우리는 자일샤프트로 한 조를 이루어
올라가고 있었던 것이다.

자일샤프트로 오른다는 것은 우리 네 사람이 모두 서로
자일을 함께 연결하여 그때그때마다 두 사람 또는 세 사람이
한 사람을 확보하여 올라간다는 것이었다. 우리는 여러 피치
를 오른쪽으로 비스듬히 위로 올라갔다. 프리츠는 나보다
140미터 아래쪽에서 올라오곤 했다. 도대체 그가 어떻게
된 걸까? 오전 9시부터 나는 한 번도 그와 대화를 나누지
못했다.

늦은 오후, 뜻밖에 조금 전에 밟은 새로운 발자국에 마주
쳤다. 이게 웬일인가. 커다란 수수께끼 풀이가 시작되었다.
이 자국은 어디서 왔을까? 누구의 발자국일까? 과연 어디로
갔을까? 눈이 쌓인 렛지 위에서 프리츠와 토니가 이윽고
비박 준비를 시작했다. 귄터와 나는 계속해서 세 피치를
더 올라가 보았다. 그 새로 새겨진 자국을 뒤따라 가보니
우리보다 먼저 오른 선등자의 비박지가 있었다. 아래쪽 비박
지보다 자리가 훨씬 작아보였다. 그곳에 자일을 매달아놓고
친구들이 있는 곳으로 돌아왔다. 토니와 프리츠는 살짝 튀어
나온 오버행 모양의 측릉 아래의 눈을 벌써 치워놓았다.

평탄한 장소치고는 꽤 폭이 넓은 편이므로 두 사람이 서로

나란히 드러누울 수 있었다. 자꾸만 눈이 위쪽에서 미끄러져 내리면서 머리 위에 후두둑 떨어지며 비박색 안으로 자꾸 기어들어왔다.

취사할 생각은 염두에 두지도 못했다. 밤이 차라리 추워질 것을 바라고 있었으나 생각보다 추워지지 않았다. 오버행에 서 물방울이 뚝뚝 떨어지기 시작했다.

얼마 지나지 않아 우모복이 온통 젖어버리고 말았다. 다른 일행과 나 할 것 없이 모조리 젖어버렸다. 몸이 차가워지는 가운데에서도 우리는 서로 나란히 드러누워 있었던 것이다. 어떻게 될까. 지금 몇시인가를 서로 물어 보는 경우에만, 지키던 침묵이 깨지는 것이었다.

다시 물방울이 뚝뚝 떨어진다. 언제까지나 계속 된다. 적당 한 간격을 두고 마치 북소리가 들려오는 것같이 뚝뚝 떨어진 다. 토니의 텐트에 떨어지는 물방울은 빠른 속도로 떨어지며 불규칙적인데 우리들 비박색에 떨어지는 물방울소리는 천천 히 그리고 단조로운 소리를 낸다. 어제 일어난 일에 대한 생각 따위는 아무래도 상관없었다. 생각이 지워져버린 것이 다. 이윽고 찾아올 아침이 그리고 앞으로의 일이 나의 흥미 를 돋울 뿐이었다. 그렇다고 당장 그런 말을 하고 있을 수는 없다. 다만 비박색의 페를론 섬유에 뚝뚝 떨어지는 물방울 소리만이 들려올 뿐이었다. 유난히 따스하던 날, 일에 바삐 쫓기던 날과 집에서 지내던 나날들을 그려본다.

만일 이것이 일시적인 것이 아니라는 것을 알았다면 누가 이렇게 젖고 추운 비박의 밤을 견디어 내려고 할 것인가.

아무튼 기분이 짓눌리고 있었다. 이 이상 추워지지 않는다는 것을 알고 있다 하여도 이처럼 흠뻑 젖어있는 상태로서는 마음을 달랠 수가 없었다. 더우기 이 수수께끼 자국이 나의 머리에서 떠나지를 않았다. 이틀째 아침 날씨는 별로 좋아 보이지 않았다. 우리들 루트는 끝나는 지점에 아직 가까이 다가와 있지 않았다. 그러나 포기할 수 없는 지점까지 올라와 버린 것도 아니었다. 올라갈 것인가, 내려갈 것인가 하는 결정은 언제라도 할 수 있었다. 날씨가 나빠지면 위험이 아주 커질 것을 우리 네 사람은 모두 잘 알고 있는 터였다. 그러나 누구 하나 그만두자는 말을 입밖에 내지 않았다.

다행히 최초의 피치에는 전날 걸어놓은 자일이 그대로 매달려 있었다. 이 자일을 이용하여 오르는 사이에 몸은 따스해졌다. 토니는 선등자가 밟고간 자국에 담배꽁초가 떨어져 있는 것을 발견했다. 꽁초를 보고 우리들 앞의 선등자가 폴란드 사람들임을 알았다.

계속 한두 피치를 전진하자 폴란드 사람 발자국은 좌로 꺾여 라우퍼 루트를 향하고 있었다. 우리는 그대로 측릉을 따라서 전진했다. 하나의 험준한 암벽을 넘어서자 쾌적한 휴식처가 보였다. 이때 햇빛이 구름 사이를 뚫고 쏟아졌으며 그곳에서 취사를 하기로 했다.

우선 따끈한 수프를 만들고 이어서 산드도른(Sanddorn) 시럽을 마셨다. 프리츠는 깎아지른 슬랩에 몸을 기대더니

잠들고 말았다. 아마 그가 제일 수면부족으로 고생하고 있었
으니 어디에서나 금방 잠들 수 있었던 것이다. 태양이 숨어
버리자 다시 추워지기 시작하였다. 나는 큰 암괴에 몸을
기대며 기슭의 그린델발트를 내려다보았다. 마을 상공의
공기는 따뜻한 베일에 싸이고 하늘은 회색을 띠고 있어 의기
소침해졌다. 그중에서도 맑은 구름이 한줄기 선을 이루고
흘러가고 있었다. 북쪽의 구릉지대에는 구름이 짓누르듯
드리워져 있었다.

우리는 마지못해 억지로 허리를 펴고 먼저 습한 눈 속을
걸어간다. 훨씬 상부쪽으로 올라와보니 암장이 있었다. 늦은
저녁에 우리는 빙전의 우단(右端)을 위로 올라갔다. 쾌적한
비박지를 찾아서 어제처럼 오들오들 떨지 않고 지낼 수 있도
록 하는 것이 우리 모두의 유일한 희망이었다.

나는 줄곧 평평한 장소, 오버행 모양의 렛지를 찾았다.
다른 동료들은 침묵을 지키고 말문을 열지 않았다. 나는
한시라도 빨리 비박자리를 찾아내야 한다고 느꼈다. 하켄
두 개를 때려 박을 수 있는 하나의 바위가 섬처럼 튀어나와
있다. 잠깐 생각한 끝에 바위 밑에 있는 단단하지 않은 얼음
을 피켈로 깨버리기로 했다. 이 정도의 높은 고도에 올라와
있으니 이제 안전한 확보의 가능성도 적어졌다.

귄터를 올라오게 하기 전에 먼저 두 사람이 설 수 있는
평탄한 장소를 찾아내지 않으면 안 되었다. 이제 컴컴해졌
다. 세 동료는 아래쪽 어둑한 밤 속에 나의 피켈 휘두르는

소리만을 듣고 있었던 것이다. 몇 시간이 지난 후에 우리는 하나의 좁은 얼음 렛지 위에 앉게 되었다. 별로 놀랄 만큼 기막힌 장소는 아니었으나 바닥은 단단하고 물에 젖어 있으며 차디찼다. 나는 빙벽에 몸을 기대고 발을 오그리고 쪼그린 채 앉아 참고 기다렸다. 나는 아무것도 하지 못하고 생각하지도 않았다. 그저 그 자리에 몸을 웅크리고 쪼그린 자세로 언제까지나 앉아 있는 것 같은 느낌을 맛보았다.

밤의 어둠 속에 눈이 내렸다. 귄터가 앉아있는 곳은 이제 작은 호수같이 되어간다고 말했다. 싫다는 것은 말도 못하고 다만 그와같은 상황을 확인하는 것이다. 나는 눈을 멀뚱멀뚱 뜨고 있었으나 가끔 눈을 붙이고 잤던 모양이다.

하나의 광경만이 자꾸만 눈앞에 떠오른다. 바로 미텔레기 산장이었다. 어젯밤의 그 산장이 마치 다른 별나라에 있는 것처럼 보였다. 1,000미터 이상이나 되는 벽이 우리들 아래에 있고, 몇백 미터나 되는 벽이 아직도 머리 위에 솟아있는 것이다.

아침이 되자 눈이 또 내렸다. 게다가 이것이 아이거 측릉의 마지막 비박이 될지 알 수 없었다.

나는 고심참담하여 아이젠을 신었다. 귄터가 붉은 비박색에 붙은 눈을 터는 동안에 적은 눈더미가 무너져 우리 아래쪽으로 떨어져 사라져 갔으나 물끄러미 바라보고만 있을 뿐, 이렇다 할 관심도 생기지 않았다. 모든 것이 젖어버리고 가는 눈가루가 얼어붙기만 한다. 자일에도, 옷에도, 피켈,

배낭에도 온통 분설이 얼어붙었다.

우리는 좀 고단해진 눈길로 하늘에 맑게 떠도는 한줄기 구름을 바라본다. 나는 천천히 왼쪽으로 가파르고 불안한 빙벽을 가로지르고 사면을 오르기 시작하였다. 이윽고 스탠스 위에 설 수 있었다. 귄터가 내 곁으로 올 때까지는 시간이 오래 걸렸다. 바람이 매섭게 얼굴을 내리치고 거기에 눈까지 내리고 있었다.

나는 자꾸만 무릎에 붙은 분설을 털어냈다. 한 시간 이상 지난 후에야 겨우 우리 네 사람의 자일샤프트가 다시 행동할 수 있게 되었고, 나의 몸도 어느 정도 훈훈해졌다. 훨씬 위로 올라가 깎아지른 역층의 암벽이 나타나서 아이젠을 벗지 않을 수 없어 나는 또 아이젠을 벗었다. 오후 우리는 안개 속에 정상 빙전을 넘어 미텔레기 암릉을 기어올라 최고 지점에 올라갔다.

토니와 귄터가 뜨거운 식사를 준비하고 있는 동안, 어두워지기까지는 아직도 몇 시간이 있으므로 서쪽 사면을 지나서 하강지점에 도달할 수 있으리라는 계산을 나는 하고 있었다. 빵조각과 국물이 마련되었다. 이 아이거에서 지난 며칠 동안 욕심을 내지 않고 분수에 맞게 행동했으므로 우리는 쓸데없이 많이 먹고 싶은 생각은 없었다.

위험한 올가미

　몇 주간이고 태양이 내리비치고 하나의 정해진 멜로디가 귓전에 들려올 때, 최근의 산행에서 상처를 입은 손가락이 다 나아 어떤 사람은 오만이라고 말하고 또 어떤 사람은 기운이 넘치는 마음이라고 말해주는데 그 무엇이 나의 깊은 가슴 속에 생겨나는 일이 자주 있었다. 그럴 때마다 어머니는 "잘난 척 하는구나!"라고 말하는 것이 버릇이었다. 그러면 갑자기 나는 그 무엇이 내일, 모레, 또는 일요일에 이 암벽, 저 측릉 혹은 만년설의 긴 능선으로 향하는 것이며, 거기에서 또한 그 무엇이 일어난다는 것을 깨닫게 되는 것이었다.

　마르몰라타돔브레타의 "비아이데알레(Via Ideale ; 이상의 루트)"를 나는 이미 몇년 전부터 보고서를 읽어 알고 있었다. 아마도 알프스 전역에 걸쳐서 가장 어렵고 가장 위험한 암벽등반의 루트일 것이다."라고 초등반자는 어느 월간 산악지에 쓰고 있었다. 그 문장에는 여러 가지가 적혀 있었다⋯. 받아들일 수 없는 대목도 많이 있으며, 사람의 마음을 끌고 있는 대목도 많이 적혀 있었다. 7월 중순, 우리 넷은 파리어 산장에서 만났다. 산장 주인은 늦은 시간이었는데도 우리에게 수프와 차를 제공했다. 그리고 우리들의 계획을 물었다. "비아이데알레."

이 말을 듣자, 그는 흥분하고 동시에 놀란 표정을 지으며 말했다.

"물에 조심해야 해."라고 일러주었다.

"이틀이면 충분할까요?"

나는 다시 물어봤다.

"뭐, 이틀이라구, 그건 불가능해!"

라고 그는 말했다.

아스테와 솔리나는 초등반에 꼬박 엿새 동안을 암벽에 붙어, 하켄을 철저하게 박고 올라갔었다. 다만 여섯 개의 보통 하켄과 열네 개의 익스팬션 볼트가 그대로 지금도 남아 있다. 그후 여러 번 제2등이 시도되었으나 등반로 초입에서 얼마 안 되는 바로 위에서 물러서곤 했다.

다음날 아침 우리는 마르몰라타돔브레타의 호쾌한 슬랩의 대절벽 기슭에 섰다. 넷이 모두 이 벽은 처음이었으며 깊은 인상을 받았다.

우리는 산에 기대어 서 있는 한 거대한 버트레스의 바로 왼쪽에 루트를 잡고 암벽에 붙었다. 바로 등반로 초입부터 어렵기 그지없는 자유등반을 한다. 우리는 나름대로의 독자적 루트를 찾아 올라갔다. 침니, 슬랩, 반들반들 윤이 나있는

크랙이 계속된다. 아스테와 솔리나가 어디로 올랐는지 뉘라
서 알 수 있단 말인가? 우리는 루트를 모르기 때문에 나름대
로 오르기 시작한 것이다.

　몇 시간 후에 크랙과 린네가 서로 교차하는 가파른 암장에
도달했다. 이 지대는 빠른 속도로 오를 수 있었다. 크랙이
끝나는 지점부터는 완전히 반들반들한 성채 같은 슬랩의
연속이 시작되었다.

　그곳에 최초의 하켄, 익스팬션 볼트 하나가 박혀 있었다.
이 하켄과 볼트를 보고 우리는 올바른 루트에 진입하여 오르
고 있다는 것을 알았다. 나는 이 피치에서 또 다른 두 개의
익스팬션 볼트를 발견했다. 이 지점을 지나자 다음은 회색의
불안정한 슬랩이 이어져 있을 뿐이었다. 다행히도 태양은
이 회색의 남벽에 그 빛을 이제는 내려주지 않고 있었다.
옴브레타의 고개 위로 안개가 피어오르고 있는데 이것은
별로 좋은 징후가 아니었다. 뇌우가 몰아쳐 올지도 모른다.

　"날씨가 급변하면 비아이데알레는 위험한 올가미가 될
것이다."라고 아스테는 쓰고 있었다. 아스테는 자기가 오른
루트를 다시 오르려는 사람들에게 이 점을 주의시켜줄 의무
가 있다고 느낀 것이다.

　우리는 그런 사실을 잘 알고 있었다. 그러나 우선은 우리
에게 남겨진 일이란 좋은 비박지를 찾아내는 것 외에 아무것
도 없었다. 철수를 하기에도 이제 너무 늦었을 것이다. 잠
깐, 연타로 박아놓은 익스팬션 볼트를 발디딤으로 이용하여

넘어서자, 암벽의 마지막 1 / 3이 시작되는 지점에 꽤 넓은
동굴이 있었다. 동굴의 입구에서는 위에서 물방울이 뚝뚝
떨어지고 있었다.

이제 겨우 오후 5시였지만 이곳에서 비박하기로 결심했
다. 동굴은 우리를 낙석에서 지켜주는 안전한 곳이었다. 아마
도 여기가 '비아이데알레'에 있는 유일한 안전지대일 것이
다. 하지만 그때는 우리가 이러한 사실을 알 수가 없었던
것이다. 동굴 속을 쉬기에 편하도록 정리했다. 각자 쾌적한
자리를 정하고 이 높은 곳에서 앞으로 긴 밤을 맞이하게
된 것이다. 우리는 초등반자가 다음 등반자를 위하여 성공을
바라는 글을 적은 쪽지를 넣어둔 병을 발견했다.

우리는 오래지 않아 등반에 성공하고 이 격려의 말을 축복
의 말로 받아들이게 되겠지. 어디선가 굴러가는 돌소리가
들렸다. 아직 밤은 새지 않았다. 아니면 비가 오고 있는 것일
까? 다른 동료들은 눈을 떴다. 제프는 손전등으로 바깥을
비추어본다. 아니, 단순히 비가 오는 게 아니라, 억수로 퍼붓
고 있었다. 동굴 윗처마를 부딪치며 쏟아지는 폭포였다.

이따금 어둠 속에 돌이 날카로운 굉음을 내면서 떨어져
갔다. 뒤늦게야 이 동굴이 우리를 정말 안전하게 보호해
주고 있다는 것을 알게 되었던 것이다. 날씨가 호전될 때까
지, 그리고 우리가 결정을 내릴 때까지 오전 내내 몇 시간을

중앙 히말라야 마나슬루 남벽에서의 등반 장면

보냈다. 안개가 피어 올라왔다.

　정상 직하의 룬제에서 폭포가 쏟아지고 있었다. 우리들이 올라온 루트의 거무스름한 회색의 줄무늬 위를 따라서 물과 얼음 조각과 돌이 굉음을 내면서 쏟아져 떨어지고 있었다. 이런 데를 들어가면 틀림없이 깊은 계곡으로 굴러 떨어지고 말 것이다. "날씨가 좋아질 수도 있겠지." 동료 하나가 말했다. 그래서 우리는 등반을 계속하기로 했다. 정상 직하의 룬제에서 떨어지는 폭포를 가로질러 가야만 했다.

　다행히 이 언저리는 암장이 쉬웠다. 잘 보면서 재빨리 행동하면 별로 몸을 적시지 않고 오를 수 있었다.

　오른쪽으로 커브를 따라 돌아넘고 오버행을 이룬 암벽지대에 도달하였다. '좌측으로 트래버스'라고 루트 해설란에 적혀 있었다. 미끄러지기 쉬운 밴드 위를 조금씩 손으로 더듬어가며 좌측으로 전진한다. 신바닥이 미끄러지지 않기를 빌었다. 손잡이도 없는데다 40 미터나 되는 암장에 중간확보는 단 한 군데뿐이었다. 전방을 바라보니 상태가 더 나빠질 것 같았다. 룬제에서 떨어지는 굵직한 물줄기가 나의 머리 위로 쏟아져 튀면서 흘러 내려갔다. 어떻게든 물줄기를 돌파하지 않으면 안 되는데……

　제프가 먼저 크랙을 붙잡고 폭포의 우측을 타고 올라간다. 이윽고 그의 모습이 룬제 안으로 사라져 갔다. 틀림없이 어려운 모양이다. 아니, 아주 어려운 모양이었다. 물과 오버행을 온갖 힘과 기량을 다하여 돌파하면서 제프는 경사가

어느 정도 느슨해진 린네 아래에 도달한다. 이 린네를 지나
서 물은 여전히 흘러내린다. 나는 처음에 양다리를 힘껏
벌리고 린네의 가장자리쪽을 올라갔는데 온 몸이 젖을 대로
다 젖고 말았다.

다음은 문제가 하나의 현애로 가로 막혀 있었다. 유일한
돌파구는 모든 물이 모여드는 크랙이었다. 뛰어들어, 그리고
빠져나와 ! 생각만 해도 끔찍했다. 그러나 이제와서 철수한다
는 것은 생각할 수도 없는 일이었다. "제프, 조심해 !" 급히
외친 순간 나는 이미 차디찬 샤워물 속에 서 있었던 것이
다. 숨도 쉴 수 없는 지경이었다. 이러한 가운데에서도 고도
를 몇 미터 높여갔다. 크랙에 몸을 끼워넣고 하켄 하나를
때려박을 수 있었다.

물은 목덜미에 흘러 들어와 등산화로 흘러 내려갔다. 마침
내 홀드 하나가 보였다. 머리가 물에서 나온 꼴이다.

얼마 후에 몽땅 젖어버린 몸을 추위로 오들오들 떨면서도
스탠스 위에 서서 제프를 확보했다. 제프는 가슴팍에 두
개의 슬링을 자일에 연결하여 매듭을 짓고 있었다. 자일을
따라 흘러내리는 물이 매듭에서 뚝뚝 떨어지는 것이 보였
다. 이 언저리의 암장은 짧은 구간이지만 수월했다. 그리고
오르는 사이에 몸도 훈훈해졌다. 문제가 또 가파르게 치닫고
있었다. 문제 안에는 물이 가득했다.

훨씬 상부쪽의 침니에는 거대한 얼음의 혀가 날름거리고
있었다.

아스테는 우측의 크랙으로 루트를 잡고 하켄을 때려박으며 올라갔다. 하지만 이 루트는 우리에겐 가망이 없었다. 너무나도 많은 물과 얼음, 거기에다 지독한 날씨의 변덕이 있었기 때문이다. 무사히 여기를 탈출하려면 오늘 중으로 정상에 도달하지 않으면 안 된다.

젖어있는 상태가 무서울 정도로 끔찍했다. 스탠스 위에 서서 기다린다는 것은 도저히 참아낼 수 없는 고통이었다.

비박의 밤을 지샌다면 더 이상 버틸 수 없을 것 같았다. 우리는 체온이 떨어지고 게다가 흠뻑 젖어 있었던 것이다. 아스테, 솔리나 루트의 우측에서 제프는 약간 마른 크랙을 발견했다. 이 크랙은 통과할 수 있을 것 같다.

보다 좋은 방법은 하켄, 나무쐐기, 프루직매듭을 동원하여 우리들이 통과할 수 있게끔 하는 것이었다. 피치 하나 하나씩 선두를 번갈아가면서 올라갔다. 각자 실력 이상의 힘과 기량을 발휘하고 상대방을 믿고 이 지옥에서 탈출하기 위하여 전력투구할 것을 각오하고 있었다. 계속 위로 올라가보니 크랙이 얼음으로 가득찬 린네로 바뀌었다.

린네는 오물투성이였다. 우리는 처음에 이것을 보지 못했다. 온통 유리파편이 여기 저기 흩어져 있었는데도 우리는 이것들을 관찰하지 못했던 것이다. 아무튼 위로 빠져나가지 않으면 안 된다. 이 습기찬 추위에서 탈출하지 않으면 안 된다. 이 추위야말로 우리들의 끝장을 뜻하는 것이 아니겠는가. 위로 빠져나와서 작은 산장에 다다르고서야 비로소 동료

하나가 말했다.

"이놈의 오물더미!" 우리는 나중에 알게 된 일이지만 마지막 피치는 정상에 있는 산장의 쓰레기장에서 오물이 쏟아져 내려오는 린네였으며, 우리는 이 린네를 기어올라 왔던 것이다. 다만 오늘은 일요일이라서 예외적으로 산장의 관리인이 쓰레기통을 비우는 일을 하지 않고 쉬고 있었던 것뿐이다. 그나마도 우연한 일이었지만 얼마나 운이 좋았던가!

몬테·아니에르 북동벽

콜디프라의 농부는 우리들의 계획을 알아차리자 놀란 표정으로 머리를 흔들었다. 그는 문지방에 걸터앉아 시간을 보내고 있었다. 그는 말려놓은 건초를 거둬들이고 젖소는 저녁에 다시 짜면 되는 것이었다. 그래서 그는 지금 쪼그리고 앉아서 몬테·아니에르를 꿈꾸고 있는 것이며 이 산의 도움으로 그가 앉아있는 자리에는 그늘이 져 있었다.

우리들이 친 텐트는 여전히 콜디프라에 가까운 좁은 초원에 그대로 서 있었다. 호쾌한 아니에르 벽의 아래였다. 귄터와 하이니는 여기에 남겠다고 했으며 에리히와 나는 이대로 집에 돌아갈 생각이었다. 길 위로 나와서 다시 한번 친구들에게 시선을 던졌다.

그리고 북서벽을 바라본다.

자동차 한 대가 우리 옆에 다가와서 멎는다.

"북벽에 붙어 있었던 알피니스트들은 돌아왔나요?"

차 속의 한 사람이 물었다.

"그렇습니다. 방금 돌아왔어요."

"셋이서 얼마나 걸렸나요?"

"일행은 정상 바로 아래에 있는 피난용 움막에서 두번째의 비박을 한 거지요."

"어디에서 오르기 시작했나요?"

"아스테가 2, 3년 전에 시도한 곳으로요."

"어떻게 해서 당신들은 아스테가 시도한 것을 알았나요?"

"타이본에서 사람들이 그렇게 얘기해 주더군요."

"아스테는 어디까지 올랐답니까?"

"그렇게 높이까지는 오르지 못한 모양이에요. 400미터쯤 올라갔다고 하더군요."

"그래 등반은 어떠했어요?"

"길고, 앞이 탁 트이고 몹시 가팔랐어요. 꽤 위험했어요. 이 루트는 마르몰라타돔브레타의 '비아이데알레'와 비슷해요 …슬랩, 폭포도 있고요…아니, 그렇게 험하지는 않아요 ! 하지만 몹시 가파르지요…."

"그래, 당신은 마르몰라타돔브레타의 아스테 – 솔리나 루트 (비아이데알레)를 알고 있군요?"

"제2등을 해냈는 걸요."

나는 자랑스럽게 말했다.

"루트는 어떻든가요?"

"알프스 전체에서는 어떻게 되는지 알 수는 없지만 돌로미테에서는 틀림없이 아주 가파른 루트일 겁니다. 아스테가 거기에 루트를 개척했대요. 대단한 일이지요 !"

"아스테 소노 이오(Aste sono io=내가 아스테랍니다)."

일주일도 넘게 수염을 깎지 않은 것 같은 그 사나이가 말
말했다.

힘있는 악수가 오고 갔다.

악수가 교환되는 순간 새로운 분위기가 그 자리에 감돌았
다. 그는 내일 북동벽에 붙을 계획이었다. 치베타에서 우리들
이 그가 오르려던 새로운 북벽 루트를 먼저 오를 뻔했다.
"치 디스피아체(Ci dispiace=정말 죄송합니다)."라고 나는
말했다. 그리고 고맙다는 인사를 했다. 그러나 우리는 아차하
는 생각이 들었다.

우리들이 겨울에 북쪽 칸테를 오르려고 할 때 아스테가
벌써 타이본에 와 있다는 것을 우리는 알 재간이 없었다.
그 또한 이 북쪽 칸테의 동계초등반을 해치울 생각을 하고
있었던 것이다.

"그래, 이번에 당신들은 북동벽을 완등했나요?"

"예, 그렇습니다."

"콤플리멘티(Complimenti=축하합니다)"

"고마워요."

"먼저 온 사람이 우선이지요."

그는 약간 쓸쓸한 모양이었다.

"당신들은 좋은 눈을 가지고 있으며, 또 우리보다 운도
좋았군요. 어떻게 해서 거기를 하게 되었지요?"

"겨울에 생각하게 되었지요. 북쪽 칸테의 등반로 초입에서
이 벽을 바라보게 되었어요. 요리(Jori) 루트의 좌측에 가능

성이 있다고 생각했습니다. V형의 잘록한 디에드르에는 어디
나 눈이 쌓여 있고, 분명 어려움이 있을 것으로 생각했지
요. 하지만 북쪽 칸테를 오르는 동안은 이 벽을 깡그리 잊고
있었지요. 「알피니스무스」의 새 개척루트의 특집호를 읽고
나서야 비로소 결심을 하게 된 겁니다. 그래서 이번 여름에
이 벽을 연구하기에 이른 거죠."

"그래서, 루트는 어떻던가요?"

"3일 전에 우리는 프라에 왔어요. 메란에서 온 하이니
홀처, 내 동생 귄터와 에리히 그리고 나였습니다. 저기 우리
들의 텐트가 아직도 있습니다. 8월 17일에 초대형의 배낭을
짊어지고 출발했답니다. 지원을 담당한 에리히가 제일 무거
운 배낭을 등반로 초입까지 지어나른 겁니다. 처음 400미터
는 빠른 속도로 오를 수 있었습니다.

난이도는 높아야 4급 정도였는데, 물이 흐르고 있는 검은
도랑 바로 우측에서 비박 장비를 발견했습니다. 코펠, 식량도
있었어요. 오르면서 줄곧 우리는 먼저 이곳에 올라온 사람이
도대체 누구일까. 서로 얘기를 나누면서 곰곰 생각해 봤지
요. 산을 내려오고 나서야 처음으로 에리히에게서 소식을
들었던 겁니다. 벽에 붙어 오른 사람이 바로 아스테였지요.
우리들의 벽을 시도하려던 사람이 바로 아스테였던 거지요."
수염을 기른 아스테는 껄껄 웃어댔다.

"그리고서 우리는 그대로 곧장 올라갔습니다. 비박지점
위에 솟아있는 측릉을 넘어서 400미터 가량을 더 위로 올라

갔습니다. 멋있는 등반이었습니다. 단지 배낭만이 우리를 죽어라 하고 고생시켰던 거에요. 한 침니를 오르고 오후 늦게 칸젤에 도착했습니다.

북동벽의 깎아지른 회백색 슬랩의 아래였지요. 거기에 쾌적한 비박지를 마련했습니다. 시간의 여유가 있었거든요. 서쪽에서 칠흑 같은 검은 먹구름이 몰려와 하늘을 뒤덮었습니다.

우리는 걱정스러워 잠자리에 비박색을 펴서 쳤지요. 이렇게 하면 춥겠지만, 젖어가며 아침을 기다리기보다는 낫다 싶었습니다. 폭풍우가 몰아닥쳐 올 것을 걱정하고 있었습니다. 실비아 메트젤틴과 함께 우리 오른쪽에 있는 요리 루트에서 닷새 동안을 꼼짝도 못하고 그 자리에 붙잡혀 있었던 부스카이니의 보고가 생각나더군요. 끊임없이 내리는 비가 더 이상의 등반을 불가능하게 했습니다.

폭포와 낙석 때문에 철수는 생각자도 못했습니다. 추위와 굶주림, 그리고 온통 젖어버린 몸… 두 사람이 살아남았다는 것이 기적이었습니다.

'아텐티 알라꾸아(Attenti All'acqua = 비에 조심하시오.)' 라고 로칸다알사소의 산장 주인이 우리에게 일러주었답니다. 산록에서는 설마 비가 그렇게 빨리 오리라고는 생각지도 못한 거에요. 그런데 비가 오기 시작한 거지요. 아니 비가

돌로미테 북쪽에서 본 몬테아니에르

온다기보다 퍼붓고 있었으며 게다가 우박까지 뒤섞여 왔습니다. 계속 번갯불이 번쩍이고 천둥소리가 굉음을 내며 광란한 폭풍우가 몰아닥쳤어요.

최초의 돌덩이가 비박색에 꽝하고 떨어졌을 때 우리는 당황한 나머지 황급히 지붕을 걷어젖히고 애써 만든 잠자리에서 허둥지둥 몸을 피했습니다. 캄캄한 암흑 속을 손으로 더듬어가며 내려갔습니다. 그리고 촉스톤 아래로 몸을 피하고 함께 쪼그리고 앉은 채로 부들부들 떨면서 불안에 휘말려 있었지요.

우리가 뭐를 생각했느냐고요? 그야, 철수를 생각하고 있었던 거에요. 조금 전만 하더라도 심연에서 도망쳐 오르고 협곡을 지나서 위로 도망쳐 왔는데, 이제는 위아래로 가로막혀 오도가도 못하게 된 겁니다. 몸을 에이는 추위와 고독감, 그리고 외부 세계와 단절되었다는 생각이 우리를 불안 속으로 몰아넣었답니다….

우리들이 모험, 투쟁, 등산의 기쁨이라고 말하던 이 모든 것 위에, 그리고 그 모든 배후에 커다란 불안이 도사리고 있었습니다. 불안, 고난, 희망이 엇갈려 있었어요. 우리들이 있는 이 장소는 좁고, 어느 쪽을 봐도 슬랩, 오버행, 폭포뿐이었지요. 하지만 폭포나 슬랩이나 추락 따위엔 신경을 쓰지 않으려고 했지요. 용기를 내려고 했어요. 그럼에도 우리는 불안했습니다. 당분간 날씨와 번개와 낙석 때문에 신경을 곤두세워야 했으니까요. 오버행은 훨씬 나중에 부딪쳤답니

다. 그 다음에는 천둥도 훨씬 먼 데서 울렸답니다. 치베타에
선가 펠모에선가 아니면 어딘지 훨씬 먼 곳에서였다고 생각
합니다.

한밤중에야 폭풍은 사라졌어요. 침니를 빠져나와 좁은
잠자리를 더듬어 가며 찾아갔을 때 여전히 별은 하나도 보이
지 않았습니다. 밤은 길고 우리는 뜬눈으로 밤을 새웠지요.
마침내 아무 일도 일어나지 않았고 여기 저기 살펴 봐도
아무런 일도 이제는 일어날 것 같지 않았습니다. 그래서
우리는 고생도 잊어버렸지요. 아침이 밝아 왔으나 우리는
아무것도 하고 싶은 마음이 일어나지 않았습니다. 어떻게
해야좋을지 결심을 못했답니다.

날씨는 여전히 별로 좋아지지 않았으므로 우리는 기다리기
로 했습니다. 아침 9시에 우리는 오르기 시작했는데 철수하
자니 루트가 너무나도 길고 또 너무 위험스러워 보였기 때문
이지요. 슬랩은 전날에 생각하던 것보다 훨씬 수월했습니
다. 불과 6개의 중간하켄을 사용한 것만으로도 높이 200미터
나 되는 장갑차의 철판 같은 슬랩을 우리는 올라갔습니다.
일단 우측으로 진출하여 다음은 물이 떨어지고 있는 지대의
좌측으로 훨씬 앞이 잘 보이는 암장에서 루트를 찾았습니
다. 마지막 낭떠러지 아래에서 잠깐 휴식을 취했습니다.

이윽고 하이니는 정상으로 빠져나가는 룬제로 치붙는 오버
행 모양의 크랙에 하켄을 박아 넣었습니다. 상부의 룬제에서
작은 개울처럼 물이 쏟아져 내려, 오르고 있는 우리들의

몸에 퍼붓고 있었지요. 찬물을 뒤집어 쓴 꼴이 된 거지요.
정상의 룬제는 특별히 어렵지는 않았습니다.

젖어있는 고약한 장소가 몇 군데 계속되고 부서질 것만
같은 취약한 침니가 계속되고 있었을 뿐입니다. 정상 바로
아래의 비박용 움막에 기어들어 밤을 새울 채비를 갖췄습니
다. 아침 햇볕에 옷을 말리고 있을 때 에리히가 왔어요.

설마 우리를 비박용 움막에서 만날 줄이야 하고 그는 깜짝
놀랐답니다. 산록의 텐트에서도 폭풍은 너무나 거세었기
때문에 그는 등반이 성공으로 끝나리라고는 거의 생각지도
못했답니다."

우리는 다시 걷기 시작했다.

"아마 이번 휴가를 위해서는 다른 과제를 찾아야 될 것
같군요."라고 위대한 클라이머 아스테는 말했다.

"아리베데르치(Arrivederci =또 만납시다), 아스테씨."

안녕, 아니에르.

치베타의 디레티시마 초등정

몇년 전부터 사람들은 치베타 북서벽의 필립 루트와 졸레더 루트의 사이에 새로운 루트를 추구하고 있었다. 두 사람의 독일인 그룹이 이 벽에 붙었었고 그 다음에는 몇몇 '라그니 디 렉코'(렉코의 거미)의 멤버들이 시등을 하였으며 그후 또 한 자일 파티가 이 루트를 시등했었다.

이 한여름에 우리는 정상으로 오르는 한 루트를 발견하였다. 새로운 루트였다. 다른 사람들이 말하는 이른바 디레티시마였다.

토요일이었는데 실은 서부 알프스로 떠날 생각이었다. 그런데 알프스 연봉 북쪽을 저기압이 지나간다는 통에 우리는 기다릴 수밖에 없게 되었다. 서부 알프스는 동부 알프스에 비하면 날씨가 자주 변덕을 부린다. 그러나 돌로미테는 날씨가 좋은 상태로 지속될 것 같았다.

제프와 레나토는 푼타치베타에서 아스테수사티 루트의 제2등을 노리고 있었다. 하이니와 나는 어디를 오를까 아직

정하지 못하고 망설이고 있었다. 저녁 9시경 우리는 콜다이 산장에 들어섰다.

그런데 이게 웬일인가. 놀랍게도 하인즈 슈타이케티가 문에 기대어 서 있지 않은가. 언제나 멋있고 상냥한 하인즈인데 좀 떠름한 얼굴을 하고 있었다.

도대체 어떻게 된 일일까? 그는 우리가 여기 오는 것을 분명히 바라지 않은 모양이었다.

무엇이 원인일까?

알아맞혀봐, 그건가?

아니야…. 하지만 그 외에 뭐가 있겠지.

'그렇다. 치베타 디레티시마를 노리고 있는 거야!'

이 루트는 그가 풀려고 하는 하나의 과제였다. 그리고 우리들의 과제이기도 했다… 몇주 전부터 생각하고 있었던 것이다. 지난 일요일에 나는 예외적으로 쌍안경만 가지고 찾아왔었다. 자일도 없이 치베타에 다녀 왔던 것이다.

나는 손을 쓸 수 없는 반들반들한 암벽 중앙부에서 세 개의 가능성을 발견했다. 왼쪽에 크랙이 있다. 똑바로 곧장 올라가면 V형의 디에드르가 연속되는 암장이 나타난다. 그리고 오른쪽에는 몇 군데의 크랙과 람페가 졸레더 루트의 왼쪽에 있는 버트레스의 측릉으로 향해 있었다. 알프스에서 초등반을 성취할 수 있는 가능성은 점점 줄어들었다.

모든 대암벽의 상당수가 완등되고, 뿐만 아니라 여러 루트를 통해서 등반이 이루어졌다. 기술적인 보조수단이 모든 것을 가능케 한 것이다. 그래서 나는 여기에 제한을 가하기로 했다. 말하자면 익스팬션 볼트나 또는 알프스의 새로운 대 루트를 오를 때 사용되고 있는 도르래 따위는 일부러 쓰지 않기로 했다. 따라서 이렇게 하면 암벽에서 자유등반으로 오를 수 있는 유일한 루트를 찾아낸다는 것이 번번이 어려운 일이 되는 것이다. 뿐만 아니라 이와같은 초등반을 해낸다는 것이 나에게는 불가능한 일일지도 모른다. 불가능할 경우 나는 초등반을 포기할 각오는 되어 있다. 그럼 나보다도 우수한 클라이머들이 나타나야 할 것이다.

우수한 클라이머라면 순조로운 조건하에서 이 과제를 풀수 있겠지. 나에게 있어서 초등반의 시도란 암벽을 1미터, 1미터씩 등반하여 올라갈 수 있는 여부를 시험하는 이외에 다른 아무것도 아니다. 그러기 위해서는 때때로 유일무이한 루트만이 문제가 되는 것이다. 그것은 이상적인 선을 그리는 루트이다. 그 루트가 다이렉트로 치달리느냐, 아니면 호를 그리며 정상으로 향하느냐 하는 이차적인 의미밖에 갖지 않는다.

나는 사진을 보고 하나의 선을 따라서 오르겠다는 결심을 미리 하고싶지는 않았다. 절대적으로 이것이다라든지, 예상할 수 없는 가능성이라든지, 이러한 것들은 생각하고 싶지는 않았다.

초등반에는 원칙적으로 두가지 방법이 있다. 암벽에 일정한 선을 일부러 찾아가면서 오르는 것과 암벽이 밴드, 크

랙, V형 디에드르 등을 이루고 있는 생김새 그대로를 따라서
오르는 것이 있다.

1년 전에는 아직 '치베타 디레티시마'의 루트를 나는 염두
에 두지도 않았다. 그러한 생각을 하게 된 것은 자신이 그
가능성을 발견하고서였다.

그리고 이 루트를 연구하고 있는 동안에 나의 가슴 속에는
꼭 올라보겠다는 결의가 솟아났다. 그런데 다른 사람도 지금
같은 목표를 겨냥하고 이곳에 온 것이다!

올라볼 것인가 아니면 그만둘 것인가. 이제 더 이상 기다
릴 것은 없었다. 나는 오랫동안 기다렸다, 아주 오랫동안
기다렸다. 너무나 오랫동안 기다렸는지도 모른다.

다음날 아침 우리는 암벽에 붙었다. 친구들이 나의 마지막
의구심을 날려버렸다. 다행히 제프가 서부 알프스에서의
등반용 장비를 차에 실어 가져왔다. 그와 레나토는 자료와
식량과 비박용 장비를 가져오기 위하여 하산했다.

이때 휴가를 얻지않은 레나토는 집에 전화를 한 결과,
그대로 등산을 해도 좋다는 것이었다. 하이니는 잠자리에
들었고 나는 자지않고 그들이 돌아오는 것을 기다리고 있었
다. 마침내 제프와 레나토는 무거운 짐을 싣고 돌아왔다.
산장의 부엌에서 물건들을 골라 배낭에 챙겨넣고 무게를
달았다. 없는 것들은 산장의 여주인인 안나가 챙겨주었다.

돌로미테의 깎아지른 암벽에 선 라인홀트 메스너

새벽 2시경 모든 준비를 완료했다. 그리고 4시경에 출발하는
것으로 했다. 그래서 한 시간은 더 잘 수 있었다. 1/4쯤
이지러진 달은 등반로의 초입으로 가는 길을 비추고 우리들
의 그림자를 너덜지대 위에 던져주고 있었다.

　이날 하이니와 레나토가 첫 자일파티로서 출발했다. 제프
와 나는 제2의 자일파티로서 하켄, 비박장비 그리고 식량
등을 운반할 일을 담당했다.

　우리는 필립 루트가 시작되는 지점인 린네를 올라갔다.
그리고 오른쪽으로 트래버스하고 크랙과 V형 디에드르가
계속되는 암장을 통과하여 이 암장을 이용하여 황색의 반들
반들한 절벽 아래에 있는 밴드까지 진출하였다.

　때마침 세 사나이가 티시 산장에서 나와 등반로 초입에
다가설 무렵 우리는 한 침니에 도달했는데, 그곳에는 자일
두 동이 매달려 있었다. 이 세 사나이는 트리에스트에서
온 사람들인데 이 자일을 아래로 던져달라고 우리에게 부탁
을 해왔다. 이제 더 이상 오르고 싶지 않은 모양이었다. 그런
데 우리는 배낭을 매달아 올리기 위하여 30미터 자일밖에
손에 가진 게 없었다. 그래서 이 이탈리아 사람들에게 자일
한 동을 빌려줄 수 있겠는지 물어봤다.

　"볼렌티에리(Volentieri ＝기꺼이 빌려드리지요!)"라는 대답
이었다. 자일은 쓰고나서 콜다이 산장에 갖다두면 된다는
것이었다.

　이 얼마나 뜻밖의 선심인가!

"몰테 그라지에(Molte grazie = 고마워요.)"트리에스트에서 온 그들은 계속 오르는 우리들의 행운을 빌며 던져준 자일 한 동을 가지고 떠나갔다.

쾌적한 자유등반으로 계속 올라갔다. 도중에 먼저 오른 선등자들이 드문드문 박아놓은 하켄에 마주쳤다. 정오경 누르스름한 회색의 절벽 아래에 있는 밴드에 도달하여 그곳에서 잠깐 쉬었다.

우리들의 루트는 이어져 미끌미끌한 암벽의 우측에 있는 V형 디에드르를 넘어서 계속되고 있었다. 다시 크랙, V형 디에드르, 손잡이가 많은 불룩한 암장이 나타났다. 수직의 버트레스 측릉에서 나는 슬링으로 발디딤을 만들었다. 제프와 나의 사이에 있는 트래버스 루트에는 단 하나의 하켄이 박혀 있을 뿐이었다. 뒤따라 올라오고 있는 제프가 이 하켄 가까이 왔을 때 갑자기 비늘 같은 돌부스러기가 떨어져 나갔다. 제프는 이 부스러기들을 양손으로 붙잡고 있었던 것이다. 그 순간, 그는 몸의 균형을 잃었다.

이때 70제곱센티미터쯤 되는 크기의 부스러기 돌을 치워 머리 뒤로 던지고 두 발로 암벽의 바위결을 차면서 몸을 옮기는 찰나 떨어지고 말았다.

생각보다 빨리 충격이 전달되어 왔다. 움켜쥔 자일은 손에서 빠져 아래로 몇 미터쯤 떨어져 나갔으나 나는 곧 그의 추락을 막아낼 수 있었다.

제프가 침착하게 자기 등 뒤로 내던진 그 큰 돌조각이

하마터면 자일을 내리쳐 끊어버릴 뻔했다. 제프가 내 곁으로 올라와서 혹시 상처를 입었나하고 서로 확인하고 나서야 나는 비로소 안심했다.

추락은 언제나 위험한 것이다. 추락이 일어나는 그 결과에는 예측할 수 없는 원인이 있다.

자일의 톱을 섰을 때 나는 한 번도 떨어진 적이 없었다.

그리고 산행을 선정할 때는 그 난이도를 해낼 수 있는 훈련을 쌓을 뿐만 아니라 그 이상의 수준을 할 수 있는 여부를 잘 숙고한 끝에 산행에 나서는 것이었다. 이렇게 함으로써 나는 추락을 완전히 피할 수 있었다. 오후 5시경에 측릉의 꼭대기에 도달했다. 이 측릉은 미끌미끌한 큰 암벽이었으며 지금까지 올라온 V형 디에드르의 형태를 이루고 있었다. 머리 위로 불쑥 내민 오버행 기미의 암벽으로 계속되는 V형 디에드르는 몹시 약해 보였다.

물방울이 뚝뚝 떨어졌다. 아니, 아예 많은 물이 흐르고 있었다. 이 암벽을 직등한다는 것은 순전히 하나의 소모전 (消耗戰)이 될 것 같았다. 그래서 우리는 오른쪽으로 세번째의 가능성을 살펴보기로 했다. 레나토와 하이니가 비박지를 준비하고 있는 동안에 제프는 칸테의 우측을 살펴 봤다.

"갈 수 있어. 장애물은 하나도 없어."라고 그는 알려왔다. 우리는 사진이나 지상에서 루트의 선이 어떤 상태를 하고 있는지 조사를 했는데, 마침내 가장 논리적이고 자유등반을 할 수 있는 루트를 찾은 것이다.

비박. 하이니는 자일로 작은 돗자리를 엮었다. 마치 작은
새집 같았다. 제프와 레나토는 폭 40센티미터쯤 되는 렛지
위에 진을 쳤다. 나는 조금 위쪽으로 올라가서 좁고 작은
바위의 머리 위에 자리를 잡았다. 춥지는 않았다. 때때로
낙석이 요란하게 우리 곁을 스쳐갔다.

나는 여러 가지 가능한 방법으로 앉아보았다. 여러 번
이렇게 저렇게 앉아보았지만 그때마다 처음 앉은 자세로
돌아가는가 하면 또 다른 자세로 돌아가곤 했다. 저 상부쪽
은 다른 세계가 주위를 지배하여 열리고 있는 것 같았다.
그곳에는 바람과 구름, 안개와 바위가 있을 뿐이었다.

불빛은 아스라이 먼 계곡 아래에 희미하게 빛나고 머리
위에는 별빛이 반짝이고 있었다. 밤은 깊었다. 동이 트기
시작할 무렵 우리 넷은 모두 눈을 떴다. 그리고 밥을 짓고
식사를 하고, 짐을 꾸리며 가능한 이른 새벽에 출발할 수
있도록 준비를 서둘렀다.

초등반의 두번째 날에는 나와 제프가 첫 자일파티로서
앞서서 올라갔다.

먼저 취약한 크랙을 지나서 황색의 측릉 바로 우측으로
올랐다. 그리고 다음에는 미끌미끌한 슬랩을 넘고 어려운
크랙을 따라서 올라 마침내 버트레스의 꼭대기에 섰다. 다시
우리들의 리더격인 제프가 어떤 부분에서는 기술장비를 동원
하고 또 어떤 부분에서는 자유등반을 구사하여 다소 오버행
을 이루고 있는 볼록한 돌출부를 넘어섰다.

마침내 어려워 보이는 거대한 암장들이 우리들의 발 아래에 있게 되었다.

서너 개의 피치를 오른 다음에 우리는 졸레더 루트를 만나게 되었다. 우리들이 개척하고 있는 이 새로운 루트가 정상에서 200미터 아래에 있는 졸레더 루트를 만나 합류하고 있었던 것이다. 천천히 정상의 정취를 만끽하는 기분이 우리들의 마음 속에 솟아 오르고 있었다.

시계바늘에 매달려서

등산에서 시간은 이차적인 역할밖에 하지 않는다. 말하자면 등산시간이라는 것은 대개의 경우 중요하지 않으며, 때로는 자기가 등산한 소요시간을 자랑삼아 알리는 것에 지나지 않으며 실제로 타인에게는 상관도 없는 일이다. 등산속도는 다만 안전성이 달려 있을 때, 그리고 객관적 위험이 시간을 고려한 등반을 요구할 때 중요한 것이다.

무엇보다도 과신(過信)이 원인이 되는 주관적 위험과는 달리 객관적 위험이란 낙석, 눈사태, 날씨의 급변에서 오는 위험을 말한다. 객관적 위험은 대상지에서 또 산에서 그 근본 원인이 발생한다.

이 객관적 위험은 인간과 관계없이 일어나는 위험이다. 그러나 지켜야할 규칙을 어겼기 때문에 일어나는 위험은 객관적 위험이라고 말할 수 없다.

합법성을 인식하고 자기의 시간계획을 세우는 것은 등산가의 일이다. 그러나 언제 일어날지도 모르는 자의적인 위험은 피할 수밖에 도리가 없다. 사실상 이러한 자의적인 위험에서

는 빠른 등산속도나 확보는 아무 소용도 없는 경우가 대부분
이다.

다만 상황을 기다리고 알맞는 시기를 선택할 수밖에 없
다. 조그마한 돌이라도 큰 눈사태를 일으키는 경우가 있기
때문이다.

지금 정상의 암장에는 태양이 빛나고 있지만, 단 하나의
검은 점이라도 떨어져나가 굴러가서 어둑어둑한 얼음의
표면을 튕기면 암벽 하단부의 섬처럼 떨어져 나와있는 바위
의 돌출부에 부딪치게 된다. 부딪치게 되는 날이면 이 돌은
마침내 벽 전체를 흔들어 놓을 수도 있다. 그러면 금이 갈라
지는 소리, 눈이 쏟아지는 소리와 함께 벽 전체가 진동하면
서 굉음을 내게 되는 것이다.

1968년의 여름이었다.우리는 암벽을 완등할 각오로 베르너
오버란트에 있는 글레처호른의 북벽 기슭에 앉아 있었다.
무시무시하게 깎아지르고 어떤 부분은 미끌미끌했으며 높이
가 1,000미터를 넘었다. 지금까지 들은 바로는 여섯 번밖에
완등되지 못했다는 것이었다.

정오경이면 낙석이 시작되므로 오르려면 정오 전에는 정상
에 도착하여야만 한다. 아니면 암벽에 붙지 말아야 한다.

이 계산은 아주 간단했다. 우리는 암벽에 붙어 오르기
시작하였다. 처음 100미터는 자일을 쓰지않고 올라갔다. 암벽
이 별로 험하지 않았기 때문이다. 여기서 떨어져도 죽지는
않는다.

이윽고 우리는 서로를 확보해 가면서 작은 섬 모양을 한 바위에서 바위로 더듬어 올라갔다. 이렇게 해서 시간을 절약할 수 있었다. 필요한 대부분의 자리에 확보용 하켄이 단단히 박혀 있기 때문에 시간을 절약하게 된 것이다.

뿐만아니라 빙벽에서 스탠스를 확보하기보다는 암장에서 스탠스를 확보하는 편이 더 확실했다. 정상으로 통하는 암장 아래에 있는 균열된 틈새기 안에서 잠시 휴식을 취했다. 그로부터 한 시간 후에 우리는 정상에 섰다.

그런데 별안간 안개가 끼어 오르기 시작하였다. 산의 반대쪽으로 하산하면 루트를 잘못 잡고 위험 속으로 빠져들 우려가 있으므로 우리는 글레처호른에서 에프네플루 정상으로 이어지는 암릉을 종주하여 북벽을 넘어서 하산했던 것이다.

그리고 어느덧 이른 오후에 우리는 로탈 산장 앞에 허리를 옹크리고 앉았던 것이다. 글레처호른 북벽에서는 요란한 낙석 소리가 들려 왔다.

글레처호른 북벽에서 비박을 한 사람들은 우리들의 등산속도가 너무나 빠르다고 비난을 했다. 그들은 또 낙석이 있을 때는 두 배로 단단히 확보해야 한다고 우리에게 불만을 늘어놓았다.

"왜요?" 나는 물었다. 사람이란 낙석을 일으키는 일 없이 올라갈 수도 있지 않은가.

기나긴 칸테

우리들은 우리 스스로 루트를 찾으려고 애썼다. 언제나 새롭고 보다 어려운 루트를 찾았다. 우리는 가끔씩 행운을 만나기도 했으나 때로는 불안 속에 휩싸이기도 했다.

저마다 적어도 한번쯤은 낙석으로 상처를 입은 경험이 있었다. 그러나 일주일이 지나면 우리는 또 산으로 나섰다. 작은 그룹으로 수많은 산행을 거듭하여 경험을 쌓으며 대모험의 꿈을 가졌던 것이다.

우리는 하인리히 하러, 헤르만 불, 발터 보나티의 책을 읽으며 난방도 잘 되지 않는 산장의 거실에서 '첨예 알피니스트'의 이야기에 귀를 기울이곤 한 적이 많았다.

그뒤 훨씬 훗날에 아내와 함께 낭가파르바트, 마운트케냐, 힌두쿠시, 아콩가구아 등지를 찾아 5대륙을 여행하였을 때, 모험이라는 것은 반드시 머나먼 나라들이나 높은 봉우리와 봉우리에서만 체험할 수 있는 것이 아니고, 가정의 단란한 자리를 불확실한 모험적인 야영지로 바꿔놓는 마음의 준비를 혼자서 할 수 있는가에 달려있음을 나는 어렴풋이 알게 되었던 것이다.

이탈리아에서는 2월 11일이 국경일이다. 1967년 2월 11일은 토요일이었고 월요일은 학교 강의가 없었다. 나에게는 이 3일간이 비교적 긴 루트를 할 수 있는 절호의 찬스였다.
2월 9일에 나는 다음 내용의 전보를 동티롤에 쳤다.

'준비완료, 아니에르, 금요일 저녁.'

제프가 찾아왔다. 그러나 이 계획을 둘이서 실행하기에는
너무나도 위험스러운 일이므로 또 한 사람의 '산미치광이'
를 찾았다. 이 사나이는 여러 번 나의 자일파트너를 해온
하인를이었다.

2월 14일 화요일, 우리는 어쩔 수 없이 학교를 무단결석하
고 말았다. 왜냐하면 이 기나긴 칸테를 가진 산이 나흘 후에
야 우리를 겨우 해방시켜 주었기 때문이다. 나는 졸다가,
때론 잠들며 또 차가 흔들리면 눈을 뜨곤 했다. 그러다가
또 졸거나 잠들었다. 폴크스바겐의 뒷자리가 나의 침대였
다. 깊은 밤이었다.

이제 곧 새벽이 다가온다. 엄연한 아침이 밝아오는 것이
다. 얼마 동안 기분 좋게 등걸잠에 빠져있는데 '펠레그리논'
이라는 이름이 귓전에 들려와 번뜩 눈을 떴다. 제프가 지나
가는 길손에게 이름난 등산가인 베페 펠레그리논의 집을
물었다. 이제 팔카데에 와있음에 틀림없었다. 그 낯선 사람이
안내해 준 선술집에서 베페의 어머니를 만났다.

　　"체 파 일 그랑 알피니스타?(Che fa il gran alpinista =
　　위대한 알피니스트는 무엇을 하고 있습니까?)"

"도르메(Dorme=그는 자고 있어요)."

"상관없습니다. 그를 깨워주세요. 우리들은 그의 친구입니다." 우리는 그의 어머니에게 설명했다. 조금 기다리자 베페가 수염을 기른 채로 나타났다.

이렇게 추운 때이고 보니 이해할 만했다. "최근에는 무엇을 하고 있지?" '기자같은' 틀에 박힌 질문이 던져졌다. 이번에는 우리들이 말할 차례였다. 아니에르 북쪽 칸테의 스케치 도면을 얻고 싶다고 부탁했다. 일은 잘 되어 갔다. 우리는 여러 가지 사항을 베페에게서 얻어낼 수 있었다. 그러나 아니에르의 스케치만은 지금이 겨울인데다가 여러 가지 기재 사항이 많은 루트라며 그의 표정은 난처한 빛이 감돌았다.

우리는 동행을 바랐다. 네번째 상대를 물색 중이니 잘 되었다며 그에게 합류할 것을 청했다. 그러나 그는 지금 시간의 여유가 없다는 것이었다. 스키 장거리 경주가 있는데, 이탈리아 선수단과 함께 일하기로 되어 있었다. 베페는 기재할 수 있는 데까지 스케치를 해서 우리에게 건네주었다. 정말 간단명료한 스케치였다.

그는 이번 겨울에 북쪽 칸테를 시도할 계획이었으나 동계 초등반은 공중으로 날아간 셈이다. 그는 이 초등반을 꼭 하고 싶어 했지만…. 우리는 그러한 그의 기분을 이해할 수 있었다. 어쨌든 이곳은 그의 전당(殿堂)이고 본거지다. 그러나 우리도 꼭 하고 싶은 루트였다. 헤어질 때 행운이 있기를 비는 격려의 말을 그는 잊지 않았다.

2월 11일이었다. 우리는 이제 스케치도 갖게 되었다. 청청한 하늘, 늠름한 제프, 이제 걱정할 것이 없었다. 이 정도라면 이 한겨울에 아니에르 북쪽 칸테를 해낼 수 있을 것이다. 카비올라, 포르노카나레, 첸첸니게, 그리고 파괴된 마을들이 계속되었다.

황폐된 다리들이 나타나고 모래로 얕아진 폭이 넓은 하상이 나타났다. 1966년 11월의 악천후가 여기에서 맹위를 떨친 것이다. 하인를이 유리창을 닦았다.

"야, 아니에르다 !"

제프가 차를 멈췄다. 그는 전에 이 기나긴 칸테에 대하여 자주 얘기했다. 아무도 묻지 않았다. 저마다 이 산을 이제 잘 알고 있으니까. 코를 유리창에 누르듯이 들이대고 바라보면서 우리는 모두 경탄을 억누를 수 없었다. 나는 은근히 겁이 났다. 북쪽 칸테가 크다는 것은 상상하고 있었지만, 막상 대하고 보니 그렇게 크지는 않았다. 칸테는 계곡바닥에서 1,600미터 높이로 깎아 세워져 있었다. 눈이 엷게 쌓여 있었다. 지금은 완전히 그림자가 지고 아무것도 보이지 않는다. 왠지 섬뜩한 느낌이 들었다. 타이본에서 우리는 몬테 아니에르와 파레디산루카노의 사이로 들어가는 좁은 길을 발견했다. 이 길을 따라서 이 기나긴 칸테의 기슭까지 차를 몰았다. 아무도 말문을 열지 않았다. 저마다 눈앞에 나타난 산을 바라보고 있을 뿐이다.

낡아빠진 산장 아래에서 우리는 배낭을 꾸렸다. 그리고

히말라야의 안나푸르나 기슭에
위치한 베이스 캠프

대조

마운트 케냐에서는 줄곧 꿈을 꾸고
있는 기분이었다. 이 산에서는 빙하
언저리에 세네치오가 무성하게 자라
고 있다. 여러 빛깔로 번쩍거리는
새들이 얼어붙은 개울 위를 소리내며
빙빙 돌고 있다. 작열하는 태양이
빛나는가 하면 또 눈이 휘날린다.

염열(炎熱)과 한기(寒氣)가 불가사
의한 세상을 화려한 생명으로 소생시
키고 동시에 기괴한 몰골을 한 바위
를 천천히 파괴해 가고 있다. 푸르른
꽃잎 위에 차가운 이슬이 떨어진다.

이 이국적인 호수가에서 햇볕을
쬐고 있는 동안에도 얼음과 바위가
상부쪽에서 무너져 깊은 계곡으로
떨어지는 소리가 들려온다.

장비를 선별하고 옷을 갈아 입었다. 마침내 기나긴 칸테로 나서는 것이다. 느긋하게 앉아있거나, 기다리는 사람은 없다. 각자 장비를 꾸린다. 넣을 것은 넣고, 뺄 것은 빼고, 우리는 배낭의 무게를 확인했다.

칸테는 길고 어렵다. 모두 긴장한 얼굴을 하고 있었다. 한 농부가 썰매를 끌고 우리를 스쳐 지나서 계곡쪽으로 향하고 있었다. 우리는 그에게 오렌지 하나를 던져 주었다. 그러자 그는 입가에 경멸하듯이 미소를 띄었다.

우리들이 자일을 가지고 있는 것을 본 것이다. 그 농부는 우리가 돈 게 아닌가하고 생각하는 모양이었다. 우리를 이해할 까닭이 없었다. 그는 날마다 이 기나긴 칸테를 바라보지만 흥미의 대상으로서는 한번도 바라보는 것이 아닐 테니까. 정오에 우리는 출발했다.

암벽기부(基部) 바로 밑에서 펠레그리논의 스키자국을 만났다. 이 슈푸르를 밟아가면서 첫번째의 낭떠러지 아래에 있는 작은 샤르테로 올라갔다. 샤르테의 왼쪽에 올라붙을 수 있는 제일 좋은 지점이 있다는 것을 알아냈다.

나는 앞장서서 출발했다. 얼어있기는 한데 풀이 돋아난 암장을 기어올라갔으며 도중에 서 있는 왜송나무는 중간확보로 이용할 수 있었다. 분설이 깊이 쌓여있는 린네를 오르는 동안 온몸이 땀으로 범벅이 되었다. 오후 4시에 최초의 암릉 등성이에 전원이 모였다. 300미터를 올라왔는데 아직도 앞에는 4배 이상의 높이가 솟아있는 것이다.

'이대로 계속 올라가야 해.'

각자 그렇게 생각하고 있었다.

"어쩌면 오늘 중으로 다음 왜송나무지대에 도달할 수 있을 거야."

누군가 입을 열었다. 그리고 '이 칸테는 길구나.'하고 생각하고 있는 것 같았다. 갈증이 극심했다. 넘쳐 흐르던 기운도 갈증으로 시들어갔다. 장소가 쉬기에 안성맞춤이므로 제프가 재빨리 차를 끓이겠다는 것이었다.

우리들의 공격에 대한 최초의 반격이 이렇게 기다리고 있을 줄이야.

소형 휘발유버너가 말썽을 일으켰다. 제기랄! 예열을 해서 여러 번 시도해 보았으나 허사였다. 치베타 벽을 오를 때 토니 히벨러도 같은 꼴을 당했는데, 그때는 목제 쐐기를 연료의 대용품으로 이용하여 취사를 꾸려갔던 것이다.

물론 주위에는 나무와 왜송나무 수풀도 있었다. 우리 바로 옆에는 비바람에 부러진 낙엽송의 고목도 있었다. 이것들을 쪼개서 쓰면 땔감으로 얼마든지 이용할 수는 있었다. 그러나 내일, 모레로 이어지면 그렇지만은 않다.

그래서 제프는 타이본으로 내려가서 벤진 코펠을 수리하여 오겠다는 것이었다. 코펠이 없으면 앞으로 활동할 가망이 없는 것이다.

여기에서 일단 헤어지기로 하고 제프는 내려갔다. 단 혼자서, 그것도 겨울 저녁인데.

하인를과 나만 남게 되었다. 두 개의 큼직한 배낭이 함께
어우러져 있을 뿐이었다. 우리는 깊은 분설을 헤치고 천천히
고도를 높여갔다.

이따금씩 왜송나무지대에서는 눈이 쌓여 허리까지 들어갔
다. 이윽고 우리는 한 절벽에 도달했다. 이렇게 큰 배낭을
짊어지고 올라가야하니 난이도 3급과 4급의 암장에서도 여간
문제가 되는 게 아니었다. 그 사이에 제프가 부르는 소리가
들려왔다. 그는 암벽기부에 와 있었다.

내일은 벤진 코펠을 가지고 올라오게 되겠지. 내일 할 일
이다….

그 사이에 우리도 마침내 최초의 대암벽에 도달하였다.
태양이 마지막 빛줄기를 치베타 위에 뿌리고 있었다. 우리는
눈 속에 깊은 설동을 파고 왜송나무가지를 깔아 잠자리로
대신했다.

그리고나서 우리는 옆으로 누워, 잠을 청하기로 했다. 얼마
후 첫별이 반짝반짝 빛나기 시작했다. 밤은 음울한 불안을
몰고 왔다. 으스스한 기분이 들었다. 설동에서 몸이 점점
무디어지며 굳어지는 것이었다.

"내일 제프가 올 거야."

"내일은 위로 더 올라가게 될 거야."라고 우리는 서로
말을 주고 받았다. 이러한 생각에 우리는 아침에 칸테를
하늘 높이 쭉쭉 올라갈 광경을 머릿속으로 떠올려 보는 것이

었다.

이윽고 마을의 불빛은 점점 줄어들어 사라져 갔다. 동쪽 산 위에는 빨갛게 물든 미광이 비쳐오고 있었다. 이윽고 총총한 별빛이 사라져 갔다. 마침내 아침이 다가오고 있었다. 아직도 너무 추위 바위를 타기에는 무리였다. 그 사이에 날이 밝았다.

2월 12일이었다. 우리는 잠을 이루지 못했으므로 일부러 눈을 뜰 필요는 없었지만 몸을 일으켰다.

각자 보온을 위하여 침낭 속에 쑤셔넣어 둔 수통을 꺼내어 한 모금씩 마셨다. 마을은 아스라이 멀어져 갔다. 제프는 어디 있는 걸까? 어디쯤 와있는 걸까? 배낭은 가득 차 있었다. 너무 쑤셔넣어서 터질 것만 같았다.

금세 날이 밝아왔다.

계속 올라가지 않으면 안 된다.

이때였다. 무슨 소리가 들려왔다. 누군가를 부르는 소리였다 ! 네 눈을 동그랗게 뜨고 찾았다. 제프가 천천히 올라오고 있었다. 그는 우리들의 자국을 따라서 올라오고 있지 않은가. 그는 코펠을 가지고 오는 것이었다. 곧 우리 곁에 당도할 것이다. 곧 도착할 거야 !

우리는 부푼 마음으로 기다렸다. 이윽고 그는 우리 곁에 다가섰으며 차를 끓여주는 것이었다. 김이 뭉게뭉게 피어오른다.

몇 피치를 더 오른 뒤, 오늘 처음으로 만나게 되는 첫

오버행에 당도했다. 이 오버행은 오르기가 쉬웠다! 자일을 쓰지 않고 두 개의 큰 왜송나무가 있는 곳으로 올라갔다. 왜송나무지대에는 눈이 잔뜩 쌓여 있으며 게다가 온통 분설 투성이었다. 두번째의 왜송나무지대 위쪽으로 빠져나오자 칸테는 깎아지르고 마치 사람의 접근을 거부하고 있는 것 같았다. 이어서 람페가 나타났다. 칼날 같은 칸테의 우측에 있는 폭넓은 람페가 유일하게 통과할 수 있는 루트임에는 틀림없었다.

내 차례가 되었다. 배낭을 친구에게 건네주고 선두에 서서 올랐다.

람페는 길고 여러 단계의 피치를 올라가야 하는 루트였다. 어떤 부분은 얼어붙은 빙결 상태였다. 람페의 위쪽으로 연결되는 칼날 같은 칸테의 암릉으로 빠져나갈 수 있는 좁은 틈새를 찾아냈다.

이 칼날 같은 칸테를 따라서 쭉쭉 고도를 높여갔다. 이 칸테를 오르는 사이에 첫 햇살이 우리를 비추었다.

"햇빛이다 !"

우리는 셋이서 동시에 소리높이 외쳤다. 그러나 곧 또 어두워질 것을 알고 있었다. 몸이 훈훈해지기도 전에 태양은 모습을 감춰버렸다. 우리의 얼굴은 다시 굳어지고 있었다. 여러 피치를 더 오르고나서 우리는 최종 암벽 바로 밑으로 나아갔다. 여기가 비박할 수 있는 마지막 비박지였다. 하인를 은 조그마한 테라스에 자리를 마련하기 시작하였고 제프와

나는 제일 어렵다는 이 핵심부의 정상암벽으로 가는, 완전히
결빙상태가 된 트래버스 루트의 공작 작업을 했다.

비박이다. 하인를과 나로서는 두번째, 제프로서는 첫번째
비박이었다. 오늘은 몸을 서로 맞대고 이말 저말을 주고
받으며 오랫동안 쪼그리고 앉아서 시간을 보냈다.

차와 산드도른의 시럽을 마시고, 베이컨을 구워 먹었다.
그리고 이전에 치루었던 엄동설한의 비박 이야기를 나눴다.

몹시 추웠다. 영하 20도 정도의 추위였다. 우리는 암벽에
몸을 기대고 앉아서 아침이 밝아오는 것을 기다렸다. 서로
동료의 이야기를 듣고 싶었으나 이제는 모두 지쳐 있었다.

솔직히 고백한다면 나는 별로 기분이 좋지 않았다. 앞으로
계속해서 루트에 대한 생각조차 하기 싫어졌다. 경우에 따라
서는 어쩔 수 없이 철수하게 될지 모르나 그것을 생각할
기분조차 나지 않았다.

그럼에도 불구하고 나는 못 견디게 초조한 마음으로 아침
을 기다렸다.

정말 춥다. 추위는 별들과 어우러지고 있었다. 추위는 등산
화 속으로까지 스며들어왔다. 비박색 안으로도 파고 들어왔
다. 추위가 우리를 오들오들 떨게 했다.

아침은 아직 멀었으며 차디찬 밤이다. 수많은 생각들이
주마등처럼 스쳐지나가고 서도 잇괄렸다. 반쯤 깨어 있는
선잠 속에 여러 얼굴들이, 장소들이 나타나며 여러 말들이

들려 왔다.

이러한 생각으로 이 광활한 세계가 가득 채워지는 것이다. 드디어 아침이 밝아왔다. 이제 출발, 우리는 루트에 올라섰다. 오늘은 제프가 자일샤프트의 선두에 섰다. 그는 미끌미끌한 V형 디에드르를 과감하게 올라갔다.

그리고 몇 번이고 그의 큰 주먹을 얼어붙어 있는 크랙에 힘껏 끼우고 몸을 올려보내는 것이었다. 그는 우리를 확실하게 리드하며 어떠한 장소든지 돌파해 나갔다. 우아한 몸놀림으로 빙결 상태의 암벽을 올라갔다. 이 암벽은 오버행을 이룬 크랙의 위쪽으로 치닫고 있었다. 우리는 떠오르는 태양과 함께 마지막 어려운 피치를 올라갔다. 상부에 도달하여 자일을 풀고 지친 몸을 이끌며 후미진 암장의 비탈과 눈의 사면을 한발한발 옮겨가며 정상까지 올라갔다.

정상에 다다라 한 시간 동안 앉아서 보냈다. 저마다 서로 고마움을 표하며 함께 정상에 올라서게 된 것을 모두 기뻐하게 되었다.

안데스 원정

나는 기계공학 공부에 열중하고 있었기 때문에 시험이라는
세계 속에 살고 있었다. 한참 공부에 열을 올리고 있는데,
1969년 티롤·안데스 원정대의 초청을 알리는 한 통의 전보
가 인스브루크에서 날아들어 나를 깜짝 놀라게 했다. 그것은
마치 맑은 하늘에 날벼락이었다. 나는 여기저기 전화를 걸었
으며 아버지는 '실없는 소리'라며 나무랐다.

"출발은 5월 15일, 인스브루크 공항 오후 4시."라고 원정대
장인 오티 비드만이 설명했다.

"장비는 다 준비되어 있다. 자네는 배낭 하나, 내풍용 성
냥, 등산화 세 켤레만 가져오면 된다…"

"가겠다."는 의사를 전화로 비드만에게 전했다. 그러나
이 약속을 어떻게 지킬 수 있을까. 나는 어찌할 바를 몰랐
다. 여권, 비자, 접종, 보험, 이런 일을 모두 3일 만에 해치우
지 않으면 안 되었다. 머리가 돌아버릴 것만 같았다.

게다가 기계공학 시험은 어떻게 한담? 당분간 시험은
생각하지 않기로 했다. 마침내 몇몇 친구들의 도움으로 모든

일을 가까스로 해치웠다.

그리고 나서 도서관에서 몇 권의 책을 빌려와 페루에 관한 지식을 갖출 참이었다. 사실 나는 그때까지만 해도 이 나라에 관하여 수도를 리마라고 부르고 있다는 것을 알고 있을 뿐, 다른 지식은 전혀 없었기 때문이다. 한밤중이 되어서야 나는 겨우 빌네스의 집으로 돌아왔다.

"비행기는 인스부르크에서 취리히, 다카, 리오를 경유하여 리마행입니다."라고 양친에게 설명했다. 그리고 나서 며칠 후 어느덧 리마에 도착하여 우리는 원정의 마지막 준비를 끝낼 수 있었다.

세 사람씩 나뉘어 시내를 거닐었다. 나는 낯선 도시나 교외의 주택가나 사람들을 구경하는 것을 좋아했다. 그런데 리마에는 사회적 빈부의 차가 크게 있다는 것을 우리 유럽 사람으로서는 이해할 수 없었다. 여기에서는 수십만이나 되는 많은 사람들이 시내와 떨어진 교외의 파상형 함석지붕을 이은 초라한 집에서 살고 있었다.

오후에 우리는 모라레스씨를 방문했다. 그는 등산가이고 안데스 산악에 아주 빼어나게 정통한 사람 가운데 한 사람이었다. 그는 여러 가지 사진을 보여 주고 포터들과의 교섭도 알선해 주었으며 신문기사로 싣기 위하여 우리들의 원정대에 대해서도 요약 메모를 했다.

안데스 예루파야 남동벽의 계곡

원정대장 : 오티 비드만.

대　원 : 라이문트 마르크라이터 박사(의사), 제프 마이어
　　　　를, 페터 하벨러, 에곤 부름, 헬무트 바그너, 라인홀
　　　　트 메스너.

목　적 : 예루파야의 동벽.

이것은 코르딜레라와이와슈 산역에서 제일 험준한 빙벽
중의 하나이다. 우리는 원정대의 짐을 찾을 때까지 며칠을
더 기다려야 했다.

"제기랄 놈의 세관. 이거야 원, 세계 어디를 가나 매한가지
인 관료주의란 말이야!"

6월 초순, 우리는 버스를 타고 서해안에 연해있는 유명한
판아메리카 가도를 북으로 향해 달려갔다.

마침내 원정대의 출발지점이 되는 치퀴안에 도착하였다.
여기에서도 수많은 인디오들이 몹시 가난하게 살고 있었다.

차도는 여기에서 끝나고, 몇몇의 산길이 황량한 계곡을
통해서 안데스 산맥으로 뻗어가고 있다. 그리고 우리는 마지
막 취락에 닿았다. 이튿날 우리는 곧장 포크파를 향해 출발
하였다. 해발 3,000미터를 넘는 곳에서 첫밤을 지냈으며 잠도
잘 잤다. 새벽 6시에 기상하여 장비를 포대나 선적에 잘
이용하는 자루에 쑤셔넣고 30마리의 노새에 실었다.

짐을 노새에 실어올리는 것도 몹시 힘든 일이었다. 10시경
이 되어서야 겨우 출발할 수 있었다.

아스라이 먼 지평선상에 솟은 안데스 산맥의 거대한 봉우

리들이 눈에 들어왔으며, 이 모든 거봉들을 압도하고 있는 것이 바로 예루파야였다.

먼지가 뿌옇게 일고 그늘 하나 없는 데로 행진해 갔다. 나는 그렇게 힘이 드는지 몰랐었다. 볼 것이 많이 있고 여러 가지로 생소한 인상을 받았기 때문이리라!

노새와 보조를 맞추기 위해서 힘이 들었다. 게다가 온통 먼지를 일으키고 가는 바람에 더욱 힘들었다. 그래서 최초의 휴식시간을 이용해서 앞으로 먼저 전진해 나아가기로 했다.

나중에 노새를 몰던 일행이 얘기해 준 일이지만 캐러밴이 다시 움직였을 때쯤 진기한 사건이 일어났다고 한다. 노새 한 마리가 이제는 더 이상 걷기 싫다는 양, 옆으로 드러누운 채 도무지 일어서려고 하지 않았다는 것이다. 암염(岩鹽)을 먹여가며 이렇게 저렇게 구슬린 끝에 겨우 걷게 했다는 것이다.

때때로 우리는 농부의 가족들을 만났다. 옥수수나 감자를 소에 싣고 몰고 가는데, 이것들을 치퀴안 시장에 내다 팔기 위해서였다. 아이들은 맨발로 다녀서 몹시 더러웠으며 입고 있는 옷도 초라했다. 아이들은 우리를 험상궂은 얼굴로 바라보는 것이었다.

그들은 아직 한번도 유럽 사람들을 본 적이 없는 것이었다. 계곡은 황량하여 돌투성이의 협곡으로 식물이라곤 전혀 보이지 않았다. 드문드문 흐르는 개울가에 가끔 덤불이 돋아나 있거나, 그렇게 많이 솟아나는 샘물은 아니지만 그 샘물

주위에 인디오들이 옥수수 등의 곡물을 심어놓고 있었을 뿐이다. 점토로 벽체를 만들어 놓은 작은 움막들이 서 있으며, 산록행진 중의 여름 불볕 더위를 피하는 데는 더없는 오아시스였다.

6시간 후에 포크파에 도착하였다. 우리들의 숙소는 공회당이었다. 노새를 몰던 일행 중 한 사람이 저녁식사에 우리를 초대했다. 어디를 가나 친절하였다. 우리는 현지인이나 인디오에 대해서 품었던 불신감이 차츰 사라져갔다. 여기는 나무로 만들어진, 마루가 없는 곳이므로 우리는 잠자리를 직접 땅바닥에서 마련하였다. 이곳 사람들은 개나 돼지와 함께 한 방에서 기거한다. 가축을 기르고 귀리를 재배하며 소량이지만 감자도 심는다.

그러나 그들의 얼굴 표정에는 만족감이 밝게 빛나고 있다. 이러한 현상은 우리나라의 농부에게서는 찾아볼 수 없는 광경이다. 이틀 동안 고원지대를 넘어서 호수가를 따라, 그리고 몇몇 고개를 지나고 여러 계곡을 건너갔다.

비가 오고 안개가 끼는 와중에 카루아코치에 도착하였다. 산록행진중 마지막 두 개의 고갯길을 넘어설 때는 눈이 내렸다. 때문에 예루파야 동벽을 볼 수 있었던 것은 단 한번뿐이었다.

예루파야 동벽은 아득히 먼 안개 속에 떠올라 있으므로 실제 규모보다 더 높게 보였으며 사람의 접근을 거부하듯이 솟아 있었다.

우리는 지치고 흠뻑 젖어 온몸에 먼지를 뒤집어 쓰고 있었다. 배는 고프고 비를 피할 지붕도 없었다. 나는 부들부들 떨었다. 우리는 수만리 먼 곳까지 와있는 것이다.

높이가 키만한 암괴가 서 있는 샘물가에 우리는 베이스 캠프를 설치했다. 고도계는 4,150미터를 가리키고 있었다. 텐트를 치고 도랑을 팠다. 식량을 넣어둘 구멍도 팠다. 그리고 그 암괴 중의 하나를 택해 그 옆에 취사장을 만들었다. 공기가 희박한 곳인지 이 가벼운 노동도 애를 먹게 했다.

우리가 있는 곳에서 1킬로미터 떨어진 지점에 갈대로 지붕을 이은 원형 석조 움막이 있었다. 여기는 수천 년 전 이래 무엇 하나 변한 게 없는 곳처럼 보였다. 표고 5,000미터 바로 밑의 빙하 언저리에 좋은 장소를 발견하여 거기에 제1 고소 캠프를 설치하기로 했다.

캠프는 언제나 고도차 약 500~900미터 떨어지는 지점에 설치할 필요가 있으며 가능한 한 안전성을 대비해야 한다.

그 사이에 6월도 중순이 되었다. 어느날 아침 우리 넷은 거대한 얼음벼랑의 제일 아래쪽 좌측에 있는 제1 캠프를 출발하였다. 얼음벼랑을 넘는 이 루트는 이미 잘 밟아서 길을 다져 놓았다. 페터와 제프가 예루파야 남동측릉이 시작되는 지점에 설치한 고정자일을 이용하여 그 고정자일을 지나 우리는 빠른 속도로 고도를 높여갔다. 제프와 나는 다시 자일을 100미터 고정하고, 페터와 우리들의 의사나리는 뒤이어 물자들을 운반했다.

이날 오후, 최초의 버트레스 상부의 반대쪽 표고 5,350 미터 지점에 제2고소캠프를 설치하는 데 이상적인 장소를 발견하였다. 그래서 우리는 버트레스 상부에서 버트레스 벽 아래에 이르기까지 수송용 밧줄의 삭도(索道)를 만들고, 그동안에 제프가 피켈을 휘둘러서 평탄한 자리로 만들어 놓은 캠프지까지 물건들을 전부 실어 올렸다.

또 눈이 내리기 시작했다. 제프와 나는 작은 텐트 하나를 설치하고 젖기 쉬운 물건들을 모두 텐트 안에 넣어두고 눈과 씨름하면서 고정자일을 따라 버트레스의 기부로 내려왔다. 이 기부에서 우리는 신설을 파헤쳐 가면서 제1캠프로 돌아왔다. 얼음벼랑에서 촬영을 하고 있었던 오티와 에곤을 만났다. 헬리(헬무트의 애칭)는 고소포터와 함께 베이스 캠프에서 제1캠프로 장비를 실어날랐다. 이렇게 하여 각자 공동 목표를 위해 혼신의 힘을 다하여 정상공격에 필요한 모든 조건을 만들어 내는데 협력을 아끼지 않았던 것이다.

전원이 함께 베이스 캠프로 내려갔다. 모든 것이 젖어있는 상태며 날씨는 여전히 불안정했다. 1주일이 지나자 기회가 왔다. 모든 준비는 되어 있었다. 제2캠프에서 동벽으로의 루트를 러셀하여 동벽기부에 중형 텐트를 쳤다.

동벽 캠프의 높이는 약 5,300미터였다. 등반할 실제 벽의 높이는 1,300미터였다. 이 벽의 정상은 해발 6,634미터이다. 상부에는 공기가 희박함은 말할 나위도 없는 일일 것이며 몹시 고된 등반이 될 것이다. 이벽의 우측 부분은 이미 미국

등반대가 2, 3일에 걸쳐서 완등을 했다.

따라서 우리는 이 벽을 정상으로까지의 최소 경사선을
따라 곧바르게 완등하고 싶었다. 정상은 바위투성이며 제일
높은 암장은 80미터쯤 되어 보인다. 황색과 백색의 돌덩이가
쌓아올려진 벽이다. 낙석이 떨어지는 린네는 이 벽의 300
미터 지점에서부터 시작한다. 그 좌측에 빙벽이 있고 그
곁으로 거대한 암벽의 버트레스가 솟아있다.

이 버트레스는 정면에서 보면 약간 우측으로 뻗어가고
있는데 마지막에 가서는 정상 좌측의 암릉으로 치닫고 있
다. 버트레스에는 길이가 30미터나 되는 고드름이 매달려
있었다.

낮에 이 벽을 무사히 올라설 기회는 낙석의 위험이 너무나
도 크므로 기대할 수 없다. 다만 정상암릉의 밑에 있는 높이
300미터의 원추형 부분만 태양이 떠오른 다음에도 올라설
수 있을 것 같았다. 그 정상은 해발 약 6,300미터는 되어
보이는데 최초의 햇빛이 정상의 바위에 쏟아지기 전에, 말하
자면 새벽 6시까지는 이 지대에 올라서야 했다.

무시무시하게 깎아지른 이 빙벽을 하루에 오르고 내려온다
는 나의 계획은 우리 모두에게 다소 모험적인 것으로 생각되
었던 모양이다. 그러나 상황을 침착하게 잘 생각해 보면
내가 세운 계획이 다시 없는 유일한 방법이라는 자신감이
생겨났다. 가벼운 배낭을 메고 밤중에 벽에 붙어서 계속
고도차와 시간을 비교 검토하면서 오르고 저녁이 되면 같은

루트를 현수하강하는 것이다.

이렇게 해야만 낙석을 피할 수 있는 것이다. 유럽의 동부 알프스나 서부 알프스의 수많은 빙벽에서 나는 이러한 기술을 구사하여 성공을 거두었던 것이다.

새벽 1시가 조금 지난 시각에 페터와 나는 동벽 캠프의 텐트를 출발하였다. 몹시 추웠다. 하늘에는 별들이 밝게 빛나고 있었다. 헤드램프를 밝히면서 고른 보행속도로 계속 올라갔다.

한 시간에 200미터의 고도를 넘어서지 않으면 안 되었다. 계속해서 시간과 표고를 비교 검토하면서 올라갔다. 3시간 후에는 600미터를 올라가 있어야 한다. 사실은 이미 그 이상 올라와 있었다. 만일 이보다 덜 올라왔다면, 날이 밝을녘에 벽에서 떠나기 위하여 곧장 철수를 감행하지 않으면 안 되었을 것이다.

새벽 6시에 우리는 낙석의 위험이 없는 원추형의 부분에 도달하였다. 벽의 처음의 반쯤은 만년설이 붙어 있으며 가지고 온 길이 80 센티미터의 알루미늄 하켄이 큰 역할을 해주었다. 그러나 벽의 중앙부는 청빙(靑氷)이었다. 그럼에도 우리는 정상으로의 최대 경사선을 따라서 계속 올라갔다. 아침 햇살이 벽에 쏟아지자 주위는 활기가 감돌았다.

낙석이 요란하게 굴러떨어져 가고 얼음덩이가 떨어지기

코르딜레라— 와이와슈 예루파야치코 남서벽

시작했다. 얼음이 얼어붙은 린네 안으로는 이제 더 이상 들어설 수 없었다. 빙벽은 위로 오를수록 가파르고 마침내 톱니 모양의 산등성이에 얼어붙은 만년설이 나타났다. 마치 아래를 향하여 점점 뾰족하게 가늘어지는 거대한 버팀벽 같은 꼴로 눈이 암벽에 붙어 있었다.

앞으로 세 피치다. 두 피치, 한 피치….

우리는 정상 암릉에 도달하였다 ! 원정목표의 동벽은 이미 우리들의 발 아래에 있었다. 우리들이 정상을 향하여 눈처마를 크게 드리운 설릉을 올라갈 때는 아직 이른 오전이었다. 암장이 나타날 때까지 모든 것이 순조롭게 진행되었다. 정상 암벽은 아래에서 쳐다보았을 때 그렇게 나쁜 느낌은 아니었다. 그러나 이제야 이 수직의 암장이 돌덩이로 쌓여있는 것과 정상의 눈처마가 연약한 눈으로 덮여 있다는 것을 우리는 확인하게 된 것이다.

20미터 오른 다음 페터는 되돌아 왔다. 더 이상 올라갈 수 없는 것이다. 고도계는 6,612미터를 가리키고 있었다. 이 암장을 우측으로 우회하여 정상에 도달할 수도 있을 것 같으나 그렇게 하기에는 시간이 너무나도 모자란 형편에 놓여 있었다. 그래서 우리는 하산하기로 결심했다. 오후 3시, 깎아지른 얼음의 사면을 하산하기 시작하였다.

태양은 서쪽의 측릉 뒤로 사라지고 벽은 고요해졌다. 대낮에 이 벽을 등반한다는 것은 자살행위나 다를 바 없을 것이다. 페터가 거대한 크레바스를 넘어서 현수하강을 하고 있는 사이에 밤이 되었다. 시계 바늘과 경쟁하여 이긴 것에 우리들 스스로가 놀랐던 것이다. 재빠르게 동벽 캠프의 텐트 속으로 들어갔으나 오래도록 잠을 이루지 못하고 눈만 뜨고 있었다. 때때로 낙석이 암벽의 기부에 떨어져 부딪치는 소리가 들려왔다.

그로부터 2, 3일 후 페터와 나는 예루파야치코(6,121미터)의 남서벽을 올랐다. 남서벽도 힘든 등반이었다. 동벽 캠프에서 여러 곳의 낭떠러지를 경유하는 루트를 선정했는데 크레바스의 미로 속을 통과하여 몹시 힘든 러셀을 9시간이나 계속한 끝에 정상에 도달했었다.

우리는 주위를 바라보았다. 건너편에 동벽이 보인다. 그러나 우리들의 시선은 동료인 제프와 에곤에게로 향하고 있었다. 그들은 예루파야의 남동 버트레스의 측릉을 오르고 있었다. 스코틀랜드의 원정대가 이 버트레스를 두 번이나 정복을 시도했으나 실패했었다. 에곤과 제프는 제3의 캠프를 출발했다. 이날 저녁에 그들은 전위봉에 도달하여 그곳에서 비박을 감행했는데, 눈에 띄게 등반 속도가 떨어져 두번째의 비박은 나와 페터가 동벽에서 정상 능선으로 진출했던 바로 그 지점에서 했다.

그들은 전위봉과 주봉이 연결되는 능선에서 예상 외로 호된 어려움을 만났음에 틀림없었다. 페터와 나는 그 사이에 베이스 캠프로 하강했다. 이 두 동료가 어떻게 등반을 계속할 것일까 긴장을 하고 우리는 바라보며 기다렸다. 쌍안경은 손에서 손으로 건네졌다.

우리의 흥분은 점점 높아만 갔다. 마침내 3일째 아침에
제프와 에곤은 출발하였고 우리가 제안한 대로 정상 암벽의
우측을 우회하여 트래버스하여 오른쪽 능선으로 진출하는
것이었다. 이 지점에서 그들은 속도를 올렸다. 우리들의 기쁨
은 그들이 옮기는 한발 한발과 함께 더해 갔다. 쌍안경을
가지고 있던 오티는 방송국 아나운서마냥 정경을 설명하였
다. 정상으로 향하고 있는 그들의 모습을 묘사했던 것이다.
이윽고 둘은 상부로 진출했다. 그리고 얼싸안고 있었다.

그 모습은 육안으로도 검은 점 정도로 알아볼 수 있었다.
우리들의 눈에도 감격의 눈물이 고였다. 어느새 오후 2시가
되었다. 제프와 에곤은 곧바로 하강에 들어섰다. 우리는 안도
의 숨을 쉬었다. 그런데 하강이 느릿느릿 순조롭지 못했다.
한밤중에 헤드램프의 불빛이 벽 한가운데에서 반짝거리는
것이 보였다. 계속 보였는데 어느새 불빛이 보이지 않았다.
그들은 비박을 하는 것이었다. 아래에 있는 우리는 누구
하나 잠을 제대로 이루지 못했다.

이튿날이 되어서야 우리는 그들을 동벽 캠프지에서 맞이할
수 있었던 것이다. 그러나 베이스 캠프에 내려와서 두 동료
의 발이 심한 동상에 걸려있음을 알게 되었다. 달리 방법이
없었다. 지체하지 않고 하산하는 길밖에 없었다. 두 동료의
발가락이 무사할 수 있었던 것은 오직 원정대 의사나리의
덕택이었다.

마칼루 남벽의 패퇴

우리는 기대에 가득 차서 바룬 계곡을 지나고 마칼루의 이 산록을 향하여 올라갔다. 마칼루의 미등의 남벽을 꼭 오르고 싶었던 것이다. 티롤 출신인 젊은 바라 사이브인 볼피(나이르츠)의 지휘 하에 우리 열 사람은 지상에서 다섯 번째로 높은 봉우리인 이 험준하고 아름다운 자태의 벽을 시등하기 위하여 함께 모이게 되었다.

얼마 전에 유고슬라비아 원정대가 이 벽을 시도했으나 실패했다. 우리는 친구끼리 모인 그룹이며 그 주력은 커다란 성과를 올렸음에도 비극적인 사태가 발생한 마나슬루 원정대의 멤버로 구성되고, 여기에 알버트(프레히트)와 같은 젊은 알피니스트 몇 사람이 가세했다. 이 젊은 클라이머들은 등산가로서 뿐만이 아니라 인간적으로도 훌륭한 자질을 갖추고 있으므로 마칼루와 같은 고봉을 오르는 데 모자라는 점이 없었다.

우리는 서로를 잘 이해하고, 특히 이베스(부흐하임)는 원래 손님 격으로 동행했는데, 혼신의 힘을 다하여 원정대의 공동 목표를 위해 애써 주었다.

커다란 성과를 올렸다. 3주도 되기 전에 우리는 7,000 미터 선을 넘어섰다. 그리고 처음에 설치한 세 개의 고소 캠프 사이의 물자수송도 원활하게 진행되었다. 자신을 얻은 우리는 번갈아 선두에 서서 오르고, 쉬는 날에는 베이스 캠프에서 언제나 정상에 대해서, 정상에 도달할 수 있는 모든 가능성에 대해서 서로 얘기를 나눴다.

제3캠프에서 상부쪽은 경사가 급격히 가팔라지고 게다가 암장이 결빙 상태였다. 처음에는 하루에 200미터를 올랐는데, 차츰 100미터, 나중에 가서는 하루에 50미터 남짓밖에 오르지 못했다.

느릿느릿, 등반속도가 떨어지기는 했으나 오를 수는 있었다. 그런데 마침내 바람이 거칠어지기 시작했으며 눈도 내리기 시작했다. 매일같이 계속해서 폭풍설이 몰아쳤다. 그러나 시간적 여유가 있었으므로 날씨의 회복을 기대하면서 의연하게 정상을 향한 희망은 버리지 않았다.

공기는 차디찼지만 맑았으며 고요했다. 하늘은 짙푸른 빛깔을 띠고 있었다. 다만 아스라이 먼 동쪽의 계곡 위에 솜베개처럼 하얀 구름이 떠돌며 차츰 머나먼 지평선을 뒤덮고 있었다. 남쪽과 서쪽에 아침 햇살을 밝게 받아가며 솟아

마칼루 남벽의 눈덮인 평원

있는 수많은 봉우리들의 상공에는 빛이 붉은색, 황금색, 노란
색, 푸른색과 어우러져 넘쳐 흐르듯이 밝아지고 있었다. 나는
이 모든 부드러운 빛깔과 그 깊이를 좋은 날씨가 찾아오는
징조로 생각해 보았으나 나머지 사람들은 좋은 날씨가 찾아
오리라고는 거의 믿지 않았다.

게르하르트(마르클)도 제3캠프지에 쳐놓은 두 개의 텐트
사이에 있는 좁은 렛지 위에 서서 발 아래에 펼쳐지는 봉우
리와 봉우리들의 웅장한 경관에 넋을 잃고 바라보고 있었
다. 다시 상자형 텐트 안으로 기어들어 왔을 때 우리는 우리
들의 원정이 전에 생각했을 때보다 의미가 더 없어져 보이는
느낌이 들었다.

가는 눈가루가 텐트의 지붕 위로 소록소록 떨어져내린다.
셰르파의 텐트 안에서 떠들썩한 소리가 들리고 마침내 따끈
한 차가 준비된 모양이다. 내가 어색한 몸놀림으로 텐트에서
기어나와 장갑을 끼고 바람에 쌓인 눈 속에서 아이젠을 찾은
것은 1974년 5월 4일 오전 9시 정각이었다. 표고 6,900미터
의 지점에 있는 이 좁고 평평한 장소는 요슬(크놀)과 호르스
트(베르크만)가 보름 전에 수명의 셰르파와 함께 기울기가
50도나 되는 빙벽을 깎아서 만든 것이며 지금까지 경험했던
나의 모든 원정 중에서 가장 대담무쌍한 캠프지였다.

두 개의 윌란스 복스형 텐트는 눈이 내리면 일정한 간격을

마칼루 남벽을 오르고 있는 메스너

두고 떨어지는 소규모의 눈사태가 그 텐트의 지붕 위를 씻어 내려가도록 후미진 곳에 설치되어 있었으므로 파손되지는 않았다.

처음에는 2제곱미터 정도의 너비는 되어보였던 텐트와 텐트 사이의 빈 자리가 어느새 여러 종류의 장비와 식량 등으로 가득한 상자들에 의해 점령되는 통에 텐트 사이를 오가는 통로는 좁게 튀어나온 자리로밖에 이용하지를 못했다. 매일 밤 바람에 날리는 눈이 상자형 텐트 사이에 있는 쐐기 모양의 장소에 쌓여 통로를 막으므로 그때마다 입구와 통로에 쌓인 눈을 삽으로 치우지 않으면 안 되었다. 지금 마칼루 동릉 뒤에 작은 흰구름이 나타났다.

서두르지 않으면 안 된다. 이 구름을 보니 정오에는 눈이 내릴 것만 같은 예감이 들었다. 게르하르트 역시 주위를 둘러 보고 있었으며 이 하얀 구름과 바룬체의 정상을 잔뜩 휘감고 있는 안개를 바라보더니 애써 침착한 얼굴로 아이젠을 신고 있었다. 텐트 앞의 평평한 장소에서는 언제나 손잡이용으로 쳐놓은 자일로 확보하면서 행동해야 했으므로 몸을 움직일 때마다 도리어 자일이 방해가 되었다.

고정 자일을 따라서 천천히 오르기 시작했다. 나는 양털 같은 눈이 쌓인 아래쪽의 발디딤이 대충 이쯤이라고 짐작하고 아이젠을 올려놓았다. 이 순간 갑자기 작은 분설의 눈사태가 일어났으며 먼 아래쪽으로 설연(雪煙)을 일으키면서

떠내려갔다. 바위가 계속해서 나타나는 이 벽은 정말 무시무
시하게 깎아지르고 험준했으나 바위결과 마디만은 단단해
보였다.

우리들이 몇주 전에 여기에 자일을 고정시켜 둔 곳인데
만일 이 고정자일이 없었다면 아마도 이런 높이까지 올라오
지 못했으리라. 그러나 조심스럽게 약 50미터 간격으로 이
고정자일을 의지하고 올라갔다. 우선은 자일이 끝나는 지점
에서 틀림없이 시작할지도 모르는 어려운 암장에 대해서는
신경을 쓰지 않기로 했다. 깎아지른 편마암의 슬랩 위에서
아이젠이 날카롭게 삐걱거리는 소리가 귓가에 불쾌하게 울려
왔다.

'이런 상황에서 확보용 자일을 고정하지 않고는 1미터도
전진할 수가 없다.'라고 냉정하게 생각했다.

"되돌아서는 것이 낫겠다." 우리는 자일을 따라서 400~
500미터를 올라왔다. 이제는 자주 휴식을 취할 수밖에. 두
손으로 고정자일을 힘껏 쥐고 주변의 눈덮인 암장을 바라보
고 어떻게 해야 좋을지 서로 얼굴만 보는 것이었다. 아래쪽
에 사람 그림자가 보인다. 윈드자켓을 뒤집어 쓰고 얼굴만
내밀고서 올라오는 게르하르트였다.

그의 동작 템포에는 힘과 끈기가 넘쳐흐르고 있다. 그가
몰아쉬는 숨소리가 똑똑하게 들려왔다. 얼마 후에 자일이
고정되어 있는 최고지점에 도달했으며, 나는 우선 몸을 자일
로 확보하고 헬리가 10일 전에 매달아 놓은 하켄, 카라비

너, 아이스 바일을 따로따로 안전벨트에 찼다. 이윽고 게르하르트가 나의 곁에 다가서더니 그는 의문에 찬 눈으로 나를 쳐다보았다.

그리고 그는 우리 주위에 감돌고 있는 안개를 둘러보고 이번에는 머리 위에 솟아있는 벽을 쳐다보는 것이었다.

그의 눈은 긴장되어 있으나 불안과 회의에 찬 안색을 하고 있음을 나는 읽을 수 있었다. 이루 말할 수 없는 불쾌한 기분이 우리 두 사람의 가슴을 가득 메웠다.

"이대로 계속 오르는 거야?"

게르하르트는 물었다. 그는 맥빠지는 말은 한마디도 하고 싶지 않은 모양이었다. "그럼. 적어도 시도만은 해봐야지." 게르하르트는 나를 보더니 확보용 자일을 잡았다. 나는 발디딤마다 밟기 전에 신설을 치우며 이따금 잘 보이지도 않는 손잡이를 더듬어 잡고 몸을 버티었다. 나는 처음 30미터를 오르고나서 자일을 하켄 하나에 고정했다.

이어서 게르하르트가 뒤따라 올라왔다. 머리 위쪽에 하얀 밧줄이 매달려 있었다. 1년 반 전에 이 측벽에서 포위공격을 감행하다가 실패한 유고슬라비아 원정대가 사용한 것 같았다. 발칸의 나라에서 온 이 등산가들은 몬순 후의 시기를 택하는 통에 암벽은 건조상태였고, 게다가 늦가을의 강렬한 폭풍을 만나 결국은 최종공격이 실패로 돌아가고 말았다.

6,900m 높이의 히말라야 마칼루남벽

7밀리미터 가량의 이 자일은 온통 눈으로 뒤덮인 암벽에서 마치 구조의 손을 내밀어주는 줄처럼 매달려 있었다. 이 자일은 우리들이 훨씬 아래쪽에서 발견했던 낡은 자일보다도 더 낡아 몹시 상한 것 같았다.

그럼에도 불구하고 나는 마지막 하켄에 몸을 확보하고 힘껏 자일을 잡아당겨 보았다. 유연성은 아직 떨어지지 않은 것 같으며 상당히 단단한 느낌이 들었다. 이 헌 밧줄을 조심조심 잡으면서 우리는 계속해서 다음 20미터를 재빠르게 올라갔다. 이번에는 좁은 렛지 위에 섰다. 눈으로 덮인 바위 선반이었다. 이 지점부터 암벽은 차츰 반들반들해지고 험해졌다. 이 장소를 오르는 데는 두가지 가능성밖에 없었다. 하나는 우측의 눈으로 덮인 단애를 통과하는 루트와 또 하나는 미세한 홀드가 있는 암벽을 곧바로 올라가는 것이었다.

50미터 상부까지 올라가야만 겨우 밴드에 닿을 것 같았다. 나는 우측 루트를 시도해 보았으나 올라서지 못했다. 그래서 과감하게 좌측으로 트래버스하여 크랙 하나를 올라갔다. 이 크랙 지점에서 두 주먹을 눈 속에 쑤셔넣어서 크랙의 틈서리에 꽉 끼우고 브레이크를 걸면서 등반을 시도했다.

나는 알프스에서 동계등반을 감행할 때나 날씨의 급변을 만났을 때만은 이러한 방법으로 몸을 혹사했던 것이다. 그 사이에 안개가 짙게 끼어왔으므로 게르하르트의 모습도 윤곽만 보였다.

눈이 내리기 시작했다.

"이제 올라간들 별 의미도 없어." 라고 게르하르트가 소리
쳤다.

이때 나는 전진 루트를 계속 오르려고 시도해 보았지만
허사였다.

"좀 더 올라보자." 내가 망설이면 그가 얼마나 섬뜩한
공포심에 휩싸일까. 나는 깊이 생각할 겨를도 없었다. 나는
눈이 쌓인 가파른 밴드에 도달했다. 게다가 나는 확실한
하켄을 단단히 박았다. 그리고 나서 나는 우측으로 트래버스
하고 다시 30분 남짓, 분발하여 기를 쓰고 반들반들한 낭떠
러지를 기어올랐으나 정상을 향해서 불과 20미터 정도밖에
올라서지를 못했다. 그 상부에서 하켄 두 개를 박고 몸을
단단히 확보하며 설사면에 때려박은 아이스 바일에 상체를
의지하고 몸을 걸쳐 세웠다. 이 순간 처음으로 철수하는
쪽이 좋을 성싶은 생각이 들었다. 철수라는 쪽이 낫다는
생각이 깊어만 간 것이다. 그러나 이날 연달아 이어지는
설전의 상단까지 도달할 수 있었으므로 우리는 새로운 희망
이 생겼다.

별로 넓지는 않으나 제4캠프를 만들 수 있는 장소를 발견
했다.

하강하면서 최후의 제5캠프의 루트에 앞으로 며칠이면
자일을 고정할 수 있다고 서로 격려의 말을 주고 받았다.
우리 두 사람은 우리들이 방금 도달한 지점(약 7,500m)의
이 벽이 원정대가 도달한 최고지점이 될 줄은 아무도 예측하

지 못했다.

연일 계속되는 신설 때문에 암벽에서 눈을 치우는 데 차질이 생겨 우리의 계획을 재검토하기에 이르렀다.

이리하여 우리는 정상 루트로 오를 것을 고려했다. 그러나 대원들의 대부분이 이에 반대하여 결코 남벽에서 최후의 등반을 다시 한번 감행하기로 결정했다. 이 최후의 등반도 결국 실패로 끝났다.

5월 9일 아침 일찍 원정 대장인 볼피가 나의 텐트로 찾아왔다.

그리고 원정을 중단하기로 결정했다. 그날 밤도 눈이 내렸으며 그후 1주일 내내 눈이 내렸다.

지금 나는 연기가 자욱한 취사장에 앉아서 셰르파의 취사 담당인 조나가 가는 대나무 꼬챙이에 돼지고기를 끼워서 굽고있는 모습을 물끄러미 바라보는 것이었다. 이베스가 돼지를 잡았다. 이 돼지는 등정 축하에 쓸 요량으로 준비해 둔 것이다. 그래서 아주 맛이 있어야 할 돼지였다. 취사장의 지붕을 겸하고 있는 화덕 위의 천정이 먹물을 뿌려 놓은 것처럼 시커멓다.

돌과 돌 사이에 타고있는 불은 밤에만 꺼져있을 뿐 우리들이 버티어왔던 50일 동안 줄곧 타고 있었다. 돌 안팎은 하얗고 바깥쪽은 기름기가 범벅이 되어 그을려진 검댕으로 뒤덮여 있었다. 나는 연기가 자욱한 이 동굴 같은 취사장이 좋았다. 특히 셰르파들과 어깨를 서로 기대어 불가에 둘러앉아 있을 때는 더욱 그러했다.

지금은 이곳에 이제 장작을 운반하는 포터들만 남아 있었으며, 그들은 특별히 제1캠프의 짐을 베이스 캠프지까지 실어 내려다 주었다. 나머지 6명의 셰르파는 발트(알름베르거), 불레(윌츠), 헬리 그리고 호르스트와 협력하여 고소 캠프의 철수에 임하고 있었다. 포터들은 배가 고프다고 했다. 어쨌든 1,000미터라는 고도를 오르내리니 배가 고픈 것도 당연한 일이었다. 그들은 지금 쌀로 밥을 지어 게걸스럽게 손가락으로 밥을 집어먹고 있는 것이다.

내가 이 사람 저 사람에게 눈을 깜빡이면 그들은 껄껄 웃는다. 그 웃음에는 기쁨이 넘쳐흐르고 있었다. 이제 곧 집으로 돌아간다는 기쁨인 것이다. 포터나 셰르파에게 있어서 원정대에 참가한다는 것은 힘든 일이다. 성공을 하면 그들도 정말 기뻐해줄 줄 안다. 설사 성공하지 않았다 하여도 즐거운 마음으로 집에 돌아가는 것이다.

우리는 사이브이기 때문에 느끼는 것이 다르다. 지금 바룬 계곡의 긴 산록행진에서부터 정상의 약 1,000미터 아래로 철수할 때까지의 전체 모험을 상기해 보아도 나는 우리들의 실패에 대하여 뚜렷한 설명을 할 수가 없다. 아무리 애써 생각한다 하여도 제3캠프에서 상부까지 느린 속도로 오른 등반행위는 나로서는 전혀 이해가 가지 않는다. 특별히 설득력이 있는 것 같지도 않은 보고서를 처음부터 다시 한번

읽어본다. 유럽에 돌아와서 생각해 보아도 또는 베이스 캠프
에서도 이미 그렇게 생각한 것이지만 우리들의 실패를 파악
하려는 분위기가 결여되어 있는 것 같기도 하다. 산록의
안전한 바룬 계곡으로 하산하여 수일 전까지의 가혹한, 믿을
수 없을 정도의 곤란한 등반에 대해서 서로 얘기를 나눴을
때에도 무언가 잘못된 배음(陪音)이 울렸던 것이다.

   뿐더러 나 자신도 그 지점에서 한 발짝도 앞으로 전진하지
않았다는 것이 믿어지지 않는다. 등반을 중단하는 결정이
내려진 그 순간에도 성공의 가능성을 믿고 있는 대원은 분명
히 하나도 없었다. 그와같은 상황에서 마칼루 남벽을 등반한
다는 것은 불가능한 일이라고 생각했던 것이다. 그런데도
우리는 뭔가 설명을 필요로 하고 있었다. 어쩌면 변명을
하기 위한 구실을 찾고 있었는지도 모른다. 이제 나는 모든
것을 설명하려고 한다. 그러나 아무래도 제대로 설명할 수
있을 것 같지 않다는 느낌이 든다.

   도대체 어떻게 설명하면 알 수 있을까? 적어도 이틀에
하루꼴로 눈이 내렸다고 설명하면 되는 걸까? 고정자일도
없었기 때문에 올라가면 폭풍으로 능선에서 휘날려 갔으리라
고 말하면 되는 것일까?

   그리고 특히 나자신이 꼭 그렇다고 인정하고 싶은 것은
아니지만 '대원들이 차츰 패퇴하리라는 예측을 했기 때문이
다'라고 말하는 것이 좋겠다.

   마칼루 원정대의 실패는, 처음에는 기필코 성공시키겠다는

신념이 변한 것과 눈과 얼음으로 갑옷처럼 단단하게 뒤덮인
암벽에서는 성공의 가능성이 전혀 없다는 분위기가 대원들의
마음속에 한결같이 강렬하게 생겨 자신을 잃었기 때문이었다
고 말할 수 있으리라.

적도에서의 등산

몇 시간 전부터 우리는 진절머리가 나도록 안개
낀 텔레키 계곡의 습지를 뚫고 걸어갔다. 갑자기
마사이족의 포터 한 사람이 분홍색 보랏짚국화
한 다발을 나에게 가져왔다.
"오늘은 햇빛이 전혀 비치지 않으니까요."라고
그 사나이는 말했다.

마운트 케냐는 숙련된 등산가에게 있어서 동아프리카에서
가장 매력있는 산이다. 표고 5,198미터로 암흑 대륙에서 비교
적 높은 5,000미터급 봉우리의 하나이다.

분명히 킬리만자로가 700미터 더 높은데도 킬리만자로는
훨씬 오르기 쉬운 산이다.

크리스마스 축제일이 지나 우리 다섯 사람은 곧 마운트
케냐 원정에 나섰다. 케냐의 수도인 나이로비에서 소형버스
한 대를 대절하고 마지막 등산 준비를 끝내고 나로모루로
향했다.

마운트 케냐와 그 주변 일대는 오늘날 국립공원으로 되어
있다. 자연보호구역의 입구에서 요금을 지불하고 우리는
란트로버에서 관문을 통과했다.

　알프스에서 산을 오르는 것은 매우 자유롭기 때문에 우리
는 이러한 제도에 적잖이 놀랐다. 그러나 북미에서도 자연보
호 구역의 공원에 있는 암장을 등반할 때에는 입산과 하산계
를 내도록 되어 있으며 입장료도 낸다. 기한이 지나도 돌아
오지 않을 경우에는 때맞춰 수색대나 구조대가 동원된다.
마운트 케냐의 국립공원 입구를 뒤로 하고 2,3킬로미터쯤
나아가자 길가에 물소가 처음으로 그 모습을 나타냈다. 더
상부쪽으로 오르자 코끼리 세 마리도 보였다. 란트로버에서
울창한 대나무지대의 상부까지 전진했다.

　이 대나무밭에서 도보로 꼭 한 시간을 걸어가자 삼림지대
도 우리들의 등 뒤로 물러났다. 우리는 이미 3,000미터 선을
넘어섰다. 전방에는 고지대의 습지가 펼쳐져 있었다. 아홉
사람의 포터와 요리를 담당할 한 사람이 우리들의 짐을 넘겨
받았다.

　그리고 습지대와 연거푸 나타나는 바위의 등성이가 치닫는
사이에 뻗어가는 제일 좋은 길을 가르쳐 주었다. 산록행진
6시간 후에 우리는 막킨더 캠프장에 도착하였다. 우리가
베이스 캠프로 삼은 막킨더 캠프장은 표고 약 4,000미터인데
마운트 케냐 산록의 텔레키 계곡 최상부에 위치한 작은 텐트
촌이었다. 이 막킨더 캠프는 안전한 골짜기의 밑바닥에 있었
다. 계곡의 물은 풀이 무성한 덤불과 돌 사이를 굽이쳐 캠프
장의 바로 곁을 흐르고 있었다. 계곡 바닥에는 세네치오와
수염가래꽃이 무성하게 자라고 있으며 이 열대식물은 식물자

생의 한계선까지 불모의 경사면에 군데군데 군락을 이루고 있었다. 가까운 너덜의 산비탈에 서식하고 있는 히라크스는 대담하게 우리들의 텐트 옆에까지 접근하여 먹이를 찾는다. 이것은 알프스의 마르모트와 닮은 동물인데 베이스 캠프의 주변 일대 여기 저기에 온통 구멍을 파놓는다.

여러 빛깔의 화려한 많은 새들이 중부 유럽에서의 봄과같이 지저귀고 있었다. 캠프에서 1킬로미터도 채 못되는 곳에 마운트 케냐가 하늘같이 솟아있는 것이다. 거무스레한 원생암(原生岩)의 측릉과 측릉 사이에는 거대한 빙폭이 드리워져 있어서 마운트 케냐의 인상적인 모습을 더욱 자아내고 있다. 우리들의 캠프지에서 즉, 남서쪽에서는 이 산의 두 개의 주봉을 똑똑히 알아볼 수 있었다.

왼쪽 봉우리는 바티안이고 오른쪽은 넬리온이다. 마사이족인 두 사람의 추장 이름을 따라서 이렇게 부르고 있었다.

이 주봉군(主峰群)을 둘러싸고 여러 봉우리들이 솟아있다. 그중에서도 가장 눈에 띄게 웅장한 모습을 보여주고 있는 봉우리가 포인트존이다.

마운트 케냐는 적도에서 남쪽으로 15킬로미터도 채 떨어져 있지 않은 곳에 솟아있음에도 불구하고 베이스 캠프에서는 매일밤 추웠다. 날이 새고 아침이 되어서야 비로소 계류의 언저리에 얼어붙은 얼음이 녹았다. 날이 새고 또 새로운 날이 와도 매일같이 반복되는 날씨를 우리는 관찰할 수 있었다. 해돋이의 밝을녘에는 말끔히 개어있는 하늘도 정오가 가까워지면 흐려지고 계곡에서 안개와 구름이 피어오른다. 그리고 오후가 되면 대개의 경우 소나기가 퍼붓고 상부에서는 눈이나 우박으로 바뀌었다. 또한 저녁이 되면 하늘은 다시 맑게 개고 이따금 마지막 구름마저 쫓아버리는 것은 달이었다.

고도순응이 되면 헤모글로빈을 포함한 혈액이 많아지고 적혈구가 증가하는데 이러한 방법을 거쳐야만이 앞으로 걸릴지도 모르는 고산병을 사전에 예방할 수 있다. 그래서 처음 며칠간은 여기저기를 걸어다녔다. 한번은 포인트레나나에 올랐다. 주봉의 동쪽에 있는 5,000미터 높이의 산이다.

나는 혼자 남릉에서 포인트존을 올랐다.

차츰 주변에 피난용 움막이 있는 것도 알게 되었다. 아프리카의 등산가들은 마운트 케냐의 주변에 일련의 움막을 건립하여 이 지방의 개척에 지대한 공헌을 하고 있다. 자취를 할 수 있는 작은 움막이 이 산의 기슭에 있는데, 대부분 파상형 함석으로 되어 있고 네 사람에서 여덟 사람을 수용할 수 있는 공간을 제공하고 있다. 그리고 무선 통신기, 산소, 의약품도 갖춰져 있다.

닷새째 되는 날에야 우리는 처음으로 정상공격을 개시했다. 이렇게 오래 기다리게 된 것은 표고 5,000미터 상부에서의 어려운 등반을 하기 위하여 충분한 고도순응을 해두고 싶었기 때문이다. 뿐더러 비바은 하지 않고 하루에 등정을 끝내고 싶었기 때문이다.

전날 밤 제일 위쪽에 있는 움막까지 올라가서 그 근처에
텐트를 치고 밤을 보냈다. 이튿날 새벽 5시에 텐트에서 바깥
을 내다보았더니 아직 캄캄했다. 바람은 텐트의 벽을 펄럭펄
럭 흔들어놓고 있었다. 돌이란 돌에는 모두 이슬이 내려앉아
있었다. 움막에서 아침식사를 했다. 이윽고 어스름한 어둠
속을 비틀거리며 자갈밭과 큰 암괴를 넘어서 빙하의 언저리
로 향했다.

등반로 초입은 빙하 반대쪽에 있었다. 일렬 종대로 군데군
데 바람에 지워진 슈푸르를 따라서 암벽의 기부쪽으로 걸어
갔다. 30분 후에 협곡에 도착, 이어서 햇살 속에 자갈지대를
통과하고 등반로 초입을 향하여 바위와 바위 사이로 점점
가팔라지는 비탈을 올라갔다. 암장은 깎아지르듯이 가파르고
서부 알프스의 화강암을 생각나게 하는 바위였다. 우리들이
올라붙은 남동벽은 눈이 없으므로 아이젠을 배낭에 넣고
올라가기로 했다. 매년 처음 몇 개월 동안은 대개 넬리온이
등산가들의 목표가 되는데, 8월이 되면 반대로 대부분의
사람들이 불과 수 미터밖에 더 높지 않은 바티안을 오른다.
왜냐하면 이맘때쯤 되면 북측의 눈이 녹아 없어지고, 눈이
쌓여있는 곳은 남측뿐이기 때문이다. 린네와 밴드를 넘어서
막킨더 침니의 아래에 도달하였다.

이 루트는 처음으로 만나게 되는 난소(難所)이다. 다소

동아프리카 레비스 빙하에서 맞은 저녁

오버행을 이룬 크랙의 깊숙한 곳에 느슨하게 흔들리는 암괴
가 끼어 있다. 초등반자는 벌써 1899년에 이 크랙을 돌파한
것이다. 막킨더씨에게 마음으로부터 존경의 뜻을 표한다.

이 침니는 그의 이름을 따라서 명명하게 된 것이다. 우리
는 별도의 변형 루트를 잡고 올라가기로 결정했다. 침니의
우측 위에 가로놓여 있는 너럭바위를 경유하는 것인데, 이
코스에서도 하나의 오버행을 넘어서지 않으면 안 된다.

그래서 나와 함께 자일을 묶은 두 명의 아가씨는 여기에서
처음으로 돌로미테의 4급이 표고 5,000미터의 4급과는 다소
다르다는 것을 느끼고 있는 것 같았다.

배낭은 무거워서 몸이 바깥쪽으로 쏠리고 한번 때려찍은
피켈은 잘 빠지지 않았다. 그 사이에 태양이 벽에 따스하게
빛을 뿌리고 있었다. 발디딤이 좋은 암장을 지나고 장다름
아래에 있는 능선상의 샤르테에 도달했다.

린네 안에도 슬랩 위에도 온통 청빙(靑氷)이 얼어붙어
있으며 나는 손잡이용 자일을 고정시켰다. 이렇게 해서 자일
파트너가 신속하게 트래버스할 수 있었다. 쳐놓은 자일을
붙잡고 건너갈 수 있으므로 아이젠은 착용하지 않았다. 두번
째 자일샤프트의 라스트가 자일을 회수했다.

이러한 방법으로 등반함으로써 우리는 귀중한 시간을 벌
수 있었고 다음 피치를 마음 편히 오를 수 있었다.

암벽은 머리 위로 높이 찌르듯이 솟아있고 게다가 반들반
들거린다. V형 디에드르가 계속되는 암장에서 나는 놀랍게도

등반 가능한 루트를 발견하였다. 이것은 30미터에 걸쳐 거의 수직으로 치솟아 좁은 하나의 밴드쪽으로 치닫고 있다.

홀드가 적은 암벽이므로 세심한 주의가 필요하다. 데려온 두 아가씨들이 처음으로 최대의 등반 루트에 도전하는 셈이 되므로 나는 다소 불안했다. 정상에서 불과 얼마 안 되는 아래쪽의 이 암장에서는 그 누구도 추락이 용납될 수 없는 곳이었다. 의지할 것이라곤 완전히 우리들 자신뿐이었다. 사고가 일어날 경우 빨라도 2, 3일을 기다리지 않으면 구조대가 올 수 없는 곳이다. 더구나 부상자를 자일로 하산시키는 작업도 보통 어려운 것이 아니다.

1970년의 여름, 한 젊은 의사가 바티안 정상 바로 밑에서 추락하여 한쪽 다리에 골절을 입어 등반이 불가능하게 되었다. 친구는 의사 다리에 부목을 대고 나머지 옷을 전부 그에게 입혀주고 나서, 그는 혼자서 기어내려가 계곡에서 구조를 요청했었다. 부상한 동료를 혼자서 구출한다는 것은 절대로 불가능하였으리라.

처음에는 헬리콥터를 동원하여 구출하려고 했으나 헬리콥터가 추락하는 바람에 조종사가 죽고 말았다.

이 지방의 등산인들은 누구나 필요한 만큼의 경험을 가지고 있지 못했으므로 인스브루크에서 출동한 구조대원들이 놀라운 활동을 전개하여 부상자를 수용할 수 있었던 것이다. 일주일이라는 긴 시간을 부상자는 산 위에서 참고 견디

히말라야 마나슬루에서
얼음의 미로를 만나다.

피로감

산행이라는 것은 구체적으로 알기
쉽게 설명할 수 없지만 산행을 한다
는 것은 현실이다. 산행은 새벽의
밝을녘, 흠뻑 젖는 일, 정상에 쏟아지
는 아침의 햇살, 신선한 샘물, 목마
름, 낮과 밤, 피로감, 능선 위에 휘날
리는 가랑눈의 결정, 칸테 뒤에서
또는 침니 속에서 나타나며 사라지는
친구의 모습, 습기찬 이끼의 내음,
그리고 갑자기 전신이 마비되는 절망
감 등으로 이루어지고 있는 것이다.

어 냈으며 굶주림과 추위에 시달리며 언제 죽을지도 모르는
순간순간의 불안 속에 휩싸여 지냈던 것이다. 이쯤되는 고소
에서는 어떠한 결단을 내리는 경우라도 알프스에서보다 훨씬
풍부한 경험을 필요로 한다. 산을 내려갈 때에도 미리 충분
한 계산을 하지 않으면 안 된다.

하나의 실수라도 범하는 날이면 그 결과는 두 배, 또는
그 이상의 어려움을 당하게 된다.

우리들의 경우는 주도면밀한 사전준비가 주효했었다. 고도
에 견디는 능력은 전원 모두가 만족할 만한 것이었다. 우리
는 정오에 정상에 도달하였다. 등반 시간은 6시간이었다.
그리고 하강 때도 거의 같은 시간의 여유가 있었다. 날씨는
며칠 전보다 좋아지고 흘러가는 안개 사이로 몇 번이고 바티
안의 정상이 선명하게 보였다. 그곳까지 종주하기 위해서는
시간이 모자랄 것 같았다. 잠깐 동안 쉬었다가 우리는 하강
길에 나섰다. 올라온 루트를 현수하강하며 여러 피치를 내려
갔다.

그리고 황혼이 짙어지기 전에 우리는 고소캠프의 텐트
안으로 기어들어갈 수 있었던 것이다. 다음날 아침 여느
때보다 조금 늦게 텐트의 입구를 열어 보았을 때 바깥은
온통 눈으로 덮여 있었다. 그래서 산을 내려갈 때는 오를
때보다 더 수월한 느낌이 들었다.

마나슬루에서의 삶과 죽음

하나의 뾰족한 바위, 희미한 안개, 퇴적된 한 덩어리의
돌. 이것이 정상이었다. 바로 그 밑에 두 개의 하켄과 매달아
놓은 찢어진 깃발의 나부랭이가 남아 있다. 주위에는 하늘과
남쪽에 떠있는 무거운 구름뿐. 이윽고 구름발이 피어오르고
바람에 쫓기어 산봉우리에 걸리더니 차츰 북쪽으로 흘러가고
있었다.

그리고 마나슬루의 정상 바로 위를 스쳐지나갔다. 나는
사진을 찍고 하켄 두 개 중에서 하나를 뽑아내어 포켓에
집어넣었다. 피곤하지도 않았다. 그러나 남쪽에 깔린 구름바
다와 모진 바람이 하강을 재촉하고 있었다. 밤이 오기 전에
텐트까지 꼭 도달하지 않으면 안 된다. 나는 아래에서 기다
리고 있는 친구들을 위하여 한 줌의 돌을 주웠다.

우리들은 볼프강 나이르츠의 지휘 아래에 일치단결한 동료
애적인 협력으로 5주간에 걸쳐 이러한 성공에 이르는 전제조
건을 해냈었다. 각자 서로 도와주며 짐을 실어 날랐다. 그리

고 오직 전 대원의 감격과 경험의 덕택으로 마나슬루(8,1
56m)의 유난히 어려운 4,000미터의 암벽을 오르는 루트를
개척할 수가 있었다.

 4월 20일에 남서 안부의 표고 6,600미터 지점에 제3 캠프
가 설치되었다. 나는 2단계로 나누어 프란츠 예거와 셰르파
의 지원을 받고 제4 캠프를 7,400미터의 지점에 설치했다.
 제3캠프와 제4캠프 사이에 있는 얼음의 람페만 하더라도
길이, 난이도, 가파름이 오르틀러 북벽과 비슷하였다. 정상공
격은 주도면밀하게 구체적인 점에 이르기까지 준비되어 4
월 25일에 결행하는 것으로 결정되었다.
 전 대원은 제2캠프(5,850m)와 제4캠프(7,400m) 사이에
배치되었다. 좋은 날씨가 비교적 오래 계속되어 계획대로
정상공격의 전제조건을 마련하고 예정대로 계획을 진행시킬
수 있으리라는 기대를 걸게 되었다.
 아침 일찍 프란츠 예거와 나는 정상을 향하여 출발했다.
동시에 호르스트 팡크하우저와 안디 슐리크가 정상공격대를
지원하기 위하여 제4캠프에 올라갔다. 고소캠프의 설치를
위하여 특별히 배치되어 있었던 한스예르크 호호필처와 한스
호퍼는 체력회복을 위하여 베이스 캠프로 돌아왔다. 볼프강
나이르츠, 요슬 크놀과 셰르파의 서더인 우르키엔은 뒤따라
제3캠프로 향했다. 양호한 눈의 상태와 마나슬루로서는 전례
없이 좋은 날씨였으므로 프란츠와 나는 고소설원의 플라토를

넘어서 신속하게 전진할 수가 있었다.

산등성이 하나를 넘을 때마다 정상이 보이겠지하고 기대를 하지만 그때마다 새로운 설사면과 설릉이 우리 앞에 나타났다. 오르기 시작한 처음 단계에서는 등반기술적으로 어려움 없이 올라갈 수 있었으며 균열도 없는 지형이므로 자일을 매지않고 전진해 갔다.

티베트 산군의 북쪽 상공은 구름 한 점 없는 하늘이 펼쳐져 있었다. 남쪽으로는 남서릉이 전망을 가로막고 있었다. 오전 10시경, 우리는 두 개의 험준한 절벽이 솟아나 있는 바로 밑에 다다르고 여기에서 프란츠 예거는 제4캠프로 돌아가기로 했다. 그는 정상에 올라서 그날 중으로 하산이 가능할 것인지를 걱정하고 어떤 경우에도 비박만은 절대 하고싶지 않았던 것이다.

나 또한 이 죽음의 지대에서 비박을 해가면서 하룻밤을 지낸다는 위험을 모험하고 싶지는 않았다. 그러나 몸의 컨디션이 아주 좋았으므로 나는 위험을 무릅쓰고 혼자서 정상을 오르고 싶은 생각이 들었다. 제4캠프와 우리들 사이는 아주 걷기에 좋은 지형이어서 추락의 위험도 없고 날씨도 이대로 지속될 것 같아 프란츠 예거가 혼자서 충분히 캠프에 돌아갈 수 있다는 것을 우리 두 사람 중 아무도 의심하지 않았다.

그는 몸 컨디션도 좋았고 최상의 장비를 몸에 갖추고 있었다. 그는 제4캠프에서 나를 기다리면서 차를 끓여 놓겠다고 약속까지 했었다. 프란츠 예거는 캠프를 향해 내려가고 나는

케니아의 서쪽에서 본 마운트 케냐

이별

　적당히 대비책을 세워가면서 그저
스쳐지나가는 삶에 기대는 것보다는
사람들이 살지 않는 곳에서 건강하
게 머무는 편이 한결 편하리라.

정상을 향해 올라갔다. 휴식을 취할 때마다 얼마 동안은 서로의 모습을 볼 수 있었으나 이윽고 예거의 모습은 산릉 너머로 사라져 갔다. 두 개의 깎아지르듯이 서 있는 만년설의 사면을 넘고 바위가 있는 정상 산릉으로 진출한 나는 이 산릉을 넘어서 암탑에서 암탑으로 트래버스해가며 중급 정도의 등반을 구사하고 마침내 최고지점에 도달했던 것이다. 그런데 남쪽에서 날씨가 급변의 조짐이 나타나므로 나는 불과 2, 3분 정도밖에 정상에 머물지 않았다.

정상에서 내려가는 하강은 처음에는 별 저항없이 빠른 속도로 진행되었다. 얼마 만큼 내려갔을까, 갑자기 안개와 폭풍설이 닥쳐왔다. 이때부터의 하강은 사신(死神)과 경쟁이 되었다. 오를 때 잡았던 루트를 다시 되돌아 내려가려고 필사의 투쟁을 하고 있는 동안 나는 프란츠가 이미 제4캠프에 도착하여 안전지대에 가 있으리라고 상상했다.

눈바람은 점점 심해지더니 마침내 폭풍으로 변하여 안경을 끼고 걸을 수가 없었다. 눈과 입에는 얼음이 얼어붙었고 상황은 바야흐로 절망 그것이었다. 얼어붙어서 미끌미끌한 똑같은 빙사면을 몇 번씩이나 되돌아서야 나는 비로소 링반데룽을 하고 있다는 것을 깨닫게 되어 절망감은 더욱 깊어만 갔다. 폭풍설은 몸을 땅바닥에 내동댕이칠 기세로 위협하고 있었다. 풍압이 대단하므로 넘어졌을 때 미끄러지지 않도록 아이스 바일을 얼음에 내리찍고 제동이 걸리게 했다.

나는 어디에 와있는지 분간할 수 없었다. 기껏해야 지름

500미터의 원내에서 텐트의 근처까지 와있을 것으로 짐작되는데도 텐트를 찾을 수 없었다. 나는 벌써 몇 시간 전부터 찾아 헤매고 있는데 어느 쪽을 걷고 있는지 도무지 알 수가 없었다. 텐트쪽에서 외치는 소리가 들려와 나에게 방향을 가르쳐주는 것으로 생각했다. 폭풍설이 멈추는 사이사이에만 나의 이름을 부르는 그 목소리를 들을 수 있었다. 나는 대답을 하고 그의 이름을 부르며 대답을 기다렸다.

그러나 대답은 영영 오지 않았다. 그때 나는 죽는 것이 아닌가 하고 생각했다. 나는 눈 위에 주저 앉았다. 폭풍이 발 아래에 있는 눈을 휩쓸어갔다.

나는 너무나도 지친 나머지 텐트를 찾기 위한 발걸음마저 포기해야 할 판이었다. 뺨과 코에는 눈과 피가 달라붙었다. 수염에 얼어붙은 길쭉한 고드름의 일부를 숨을 쉴 수 있게끔 떼어내곤 했다. 때때로 갈증 때문에 숨이 막히는 것이 아닌가 하는 생각이 들기도 했다. 입술이 터져 갈라진 입을 한껏 벌리고 따뜻한 차 한 모금을 마시는 것이 소원이었다. 이윽고 생각할 기력조차 없어져가는 가운데서도 폭풍설이 난무하는 사이로 보이는 작은 눈의 평면을 겨우 알아 보았다.

마침내 밤이 왔다. 짙은 회색의 안개 때문에 밤이 온 것을 나는 알았다. 안개는 눈과 뒤섞이어 새장처럼 나의 주위를 둘러싸고 있었다. 폭풍설이 약간 수그러졌을 때 나는 옆으로 굴러 넘어졌다. 곧바로 눈 위에 주먹으로 받치면서 몸을 세웠다. 그냥 계속 걸었다.

그때 어디에서 어디로 걸어갔는지 지금도 알 수 없다. 다음 지점에서 쉬고 있을 동안 사고 능력이 똑똑하게 되돌아 왔다. 그 덕택에 나는 지금까지 살고 있는 것이다. 바람은 남쪽에서 불고 있다. 마나슬루에서 날씨의 급변은 언제나 남으로부터 찾아온다. 나는 이러한 사실을 원정하는 동안에 알게 되었다. 그러므로 바람을 안고 걸어가면 남벽으로 내려 갈 수 있음에 틀림없다.

물론 이와같은 폭풍설이 난무할 때에는 도저히 남벽쪽으로 내려갈 수 없다는 것을 알고 있었으며 또 그렇게 하려고 생각지도 않았다. 우리들의 텐트는 남벽에서 빠져나와 조금 위쪽의 플라토에 있었다. 바람이 부는 방향으로 곧바로 가면 텐트의 좌우에 암장이 있다. 넓은 고원 가운데 유일한 암장 이므로 이것을 찾아낼 수만 있다면 그 중간에 텐트가 틀림없이 있을 것이라고 나는 생각했다. 등을 열풍(烈風)에 향하게 하고 몸을 앞으로 구부린 채 전진해 나아갔다.

이윽고 남벽의 낭떠러지에 이르렀고 암장도 찾아냈다. 바위와 바위 사이를 두세 번 왔다갔다 하다가 네번째에 겨우 텐트를 찾아냈다. 나는 텐트에서 걸어나와서 나를 맞아주는 호르스트 팡크하우저를 이내 알아보지 못했다. 또한 프란츠 예거가 텐트 안에 없다는 것을 알고 깜짝 놀랐다.

텐트 안에 있는 사람은 호르스트와 안디뿐이었다. 호르스트는 다시 텐트를 나와서 곧 프란츠 예거를 찾아나섰다. 호르스트는 플라토를 향해 올라갔다. 프란츠 예거가 외치는

소리가 미미하게 들려왔다. 얼마 후 호르스트는 텐트로 돌아
와서 이번에는 안디 슐리크를 대동하고 그를 구출할 수 있다
는 희망을 갖고 다시 찾으러 나갔다. 그들은 루트를 따라
전진하려고 했다. 그러나 태풍은 시시각각으로 거세지기만
하고 구조하려는 필사의 외침소리도 바람에 휩쓸려 사라져
갔다. 극도로 악화된 기상조건과 곧 다가올 밤을 생각하면
더 이상 찾는다는 것은 생각할 수 없는 일이었다.

호르스트와 안디가 살아남기 위한 유일한 길은 설동을
파서 추위와 폭풍에서 몸을 지키는 것뿐이었다. 그들이 프란
츠 예거를 찾고 있는 동안에 나는 가끔 텐트 밖으로 나와서
외치며 손전등 빛으로 신호를 보내는 것으로 동료들에게
방향을 알려주려고 했었다. 그때마다 대답을 기다렸으나
허사였다. 여러 번에 걸친 절박한 상황이 지나간 후에야
호르스트는 안디 슐리크에 대한 상황을 설명하기에 이르렀
다. 그의 설명에 의하면 이때 안디 슐리크는 몇 번이고 설동
에서 나와 텐트를 찾으려고 했던 것 같다. 얼마쯤 지난 후
호르스트는 텐트를 찾아봐야 가망없는 절망적 상황임을 알고
다시 설동을 고쳐파고 둘이서 몸을 보호하기로 했다. 호르스
트는 안디를 맞사지했다. 얼마 후 안디는 날씨를 보고 오겠
다는 말을 남기고 설동을 나가 그 길로 그는 영영 돌아오지
않았다.

호르스트는 오래 시간 그를 찾았으나 그의 흔적은 전혀
보이지 않았다. 완전히 절망 속에 빠진 호르스트는 설동으로

알래스카의 한 빙하

알래스카

지금 생각하면, 알래스카는 긴 빙하
의 흐름이고 폭풍에서 우리들의 텐트
를 보호하기 위하여 구축한 설벽이었
다. 세스나기(機)로 상공을 날 때
본 알래스카는 불모의 구릉이 눈
아래에 계속되고 작은 호수들이 은빛
으로 빛나고 있었다. 그러나 우리들이
다녀온 마운트 매킨리도 알래스카였
다. 그리고 벌거벗은 나무와 침식된
물가가 눈 아래에 펼쳐진 황량한
하얀 하천의 바닥도 알래스카였다.

돌아와서 아침이 밝아질 때까지 기다렸다. 호르스트의 몸 컨디션은 전에 없이 좋은 상태였던 덕으로 가벼운 동상을 입었을 뿐 밤을 견디어내고 살아남을 수 있었던 것이다.

날씨가 제법 가라앉고 햇살이 쏟아지기 시작할 무렵에야 겨우 방향을 알아차릴 수 있게 되어 심설을 러셀하면서 텐트로 돌아왔다. 텐트는 완전히 눈 속에 파묻혀 있었다. 호르스트가 간밤의 과로에서 어느 정도 회복된 뒤에 우리 둘은 프란츠 예거와 안디 슐리크를 다시 찾아나섰다. 엄청난 신설이 쌓여 있음에도 불구하고 우리는 여러 차례 플라토를 내려가서 찾아 보았다.

하지만 프란츠와 안디가 7,500미터라는 고소에서 폭풍설의 밤을, 더구나 영하 30도라는 추위 속에서 살아남았을 리가 없다는 것을 차츰 인식하지 않을 수가 없었다. 날씨는 다시 악화일로에 있었다. 제2캠프에서 지원을 받는다는 것은 눈사태의 위험이 도사리고 있기 때문에 기대할 수 없으므로 호르스트와 나는 우리들 자신만의 힘에 의지하고 하강을 강행하지 않으면 안 되었다.

지칠 대로 지쳐버리고 정신적으로 의기소침해져서 제3캠프에 겨우 당도했으며 요슬 크놀의 간호를 받았다. 제2캠프에서는 원정대 의사인 오스바르트 윌츠가 동료들을 찾아나섰을 때 걸린 동상을 곧바로 동맥주사약으로 치료해주었다. 다음 며칠 동안도 날씨는 회복될 기미를 전혀 보이지 않았다.

때문에 제3캠프와 제4캠프 사이의 설사면에서는 눈사태의
위험이 점점 높아가므로 죽은 동료들을 계속 찾는다는 것은
이제 생각할 수 없는 일이었다.

원정은 중단되었다. 남아있는 대원 모두는 베이스 캠프를
향하여 하강에 하강을 거듭하면서 내려갔다. 등정의 승리를
얻어낸 몇 시간 만에 예기치 못한 날씨의 급변이 이 비극을
가저왔던 것이다.

처음부터 각별히 세심한 주의를 기울여 행동하고 온갖
어려움을 극복할 수 있었던 대원들도 이 가혹한 악천후에
대해서는 완전히 무기력해졌던 것이다. 우리는 슬프게도
두 사람의 동료를 마나슬루의 얼음 속에 남겨놓은 채 돌아올
수밖에 없었다.

낭가파르바트의 수색 원정

디아미르 계곡에 살고있는 파키스탄인들은 한 계곡
에서 다른 계곡으로 당도하기 위하여 우리들이 어찌
하여 산 기슭을 돌아가지 않고 산을 넘어서까지 가야
하는가 알고싶어 했다.

1970년 6월, 나는 동생 귄터와 함께 지상 최고의 절벽인
루팔 벽을 넘어 낭가파르바트(8,125m)의 초등정에 성공했
다. 예기치 못한 사태로 우리는 부득이 반대쪽의 디아미르
벽으로 하강하지 않을 수 없었는데 이때 디아미르 벽의 하단
에서 귄터가 얼음사태로 파묻히고 말았다. 나는 심한 동상에
걸린 채 기진 맥진한 몸으로 사경을 헤매면서 전혀 알 수
없는 황량한 디아미르 계곡을 혼자 내려갔다. 이 디아미르
계곡에서 원주민 농부들이 나를 발견하고 목숨을 구해 주었
던 것이다.

그로부터 일년 남짓 지난 후, 인도 파키스탄 전쟁이 발발
하기 조금 전에 나는 아내 우쉬와 함께 단 둘이서 디아미르
계곡으로 원정을 나섰다.

그곳에서 얼음사태로 매몰된 동생을 찾고 싶었으며 도와준
사람들도 다시 만나보고 싶었다.

길기트에서 지프차편으로 인더스 계곡을 지나 고나르까지
가서 그곳에서 네 사람의 현지 포터를 고용하고 산록행진을
개시했다. 황량하기 이를 데 없는 불볕 더위의 부나르 계곡
을 낮 동안 내내 걷고, 살을 에이듯 차디찬 부나르 강의
격류를 건너서 그날 저녁에 디아미르 계곡의 입구인 디아미
라이에 도착하였다.

디아미라이는 깎아지른 산허리에 달라붙은 새집처럼 작은
산마을이다. 가을을 연상케 하는 잎이 우거진 살구나무와
알이 여문 옥수수밭을 보고 있노라면 돌투성이의 황야 속에
있는 황금의 오아시스 같은 느낌이 든다.

1970년 7월, 이 마을 농부들이 손수 만든 들것에 나를
싣고 인더스 계곡까지 날라다 주었다.

마을 사람들은 나를 알아보고 감동적인 기쁨을 보이면서
인사를 하였다.

우리는 텅 비어있는 염소의 움막에서 잤다. 그리고 이튿날
아침 원기 왕성한 네 사람의 포터와 함께 디아미르 계곡을
향하여 출발했다. 이 계곡은 상쾌한 곳이라곤 어디에서도
찾아볼 수 없다. 깎아지르듯이 험준하고 사람이 접근하기
아주 힘든 협곡이다.

반들반들한 슬랩의 너럭바위와 깎아세운 절벽을 지나서

하나의 오솔길이 통하고 있어 등산에 지식이 없는 사람은
갈 수 없는 곳이다.

아래를 내려다 보니 격류가 세차게 흘러 내려가고 있다.
지난해 여름에 두 젊은이가 도와주지 않았던들 아마도 나는
어딘가에 쓰러진 채 방치되어 있었으리라. 가끔 우리는 완전
무장한 음산한 얼굴의 사람들을 만났다.

손으로 짠 모포로 몸을 두르고 차양을 감아올린 훈자
(Hunza)모자를 머리 깊숙이 쓰고 발에는 무릎까지 가죽띠를
감고 있었다. 그들은 고지에 경작지를 가지고 밭갈이를 하는
농부들이며 사냥길에 나서고 있었다. 우리들이 친절하게
인사를 하자 그들은 곧 상냥한 얼굴을 보였고 몇 사람은
나를 알아보는 것 같았다.

곧바로 손짓 몸짓으로 활발한 대화가 시작된 것이다. 몇
마디 우르두어도 오갔다. 내가 발가락이 절단된 발을 보여주
자 농부들은 머리를 설레설레 흔들면서 발을 들여다보는
것이었다.

길은 멀고 힘들었으나 황량한 가운데 펼쳐지는 아름다움의
자연 속을 걸어가니 결코 지루하지 만은 않았다. 나는 이
길을 이미 알고 있는 터이지만 여러 가지 다른 길들이 생각
났다. 때때로 우리는 기괴한 모양을 한 측백나무가 띄엄띄엄
심어져 있는 농가에 마주쳤다. 늦은 오후에 우리는 드젤에

낭가파르바트의 디아미르 벽에서

도착했다. 테라스 모양의 집들이 오밀조밀 붙어서 있는데 젖소가 방목되고 알록달록한 염소와 노닐고 있는 아이들의 모습이 보인다. 이 지방에서는 보통 낯선 사람이 찾아오면 당황하여 움막 안으로 모습을 감춰버리는 여인네들이 이번에는 수줍어하면서도 서서 우리를 쳐다보는 것이었다. 여인들은 나의 동반자 우쉬를 붙잡고 움막 앞으로 데려가더니 응유를 가져다 주었다.

그리고 나서 열심히 우쉬의 몸을 주무르기 시작했다. 그녀들은 우쉬의 머리카락을 만져보고 호기심에 찬 눈으로 우쉬의 하얀 두 손을 훑어보며 마침내 입고있는 옷까지 벗어 젖히려는 바람에 우쉬는 이것만은 안 된다며 곤혹스러워했다. 한 여인은 자기집을 구경해달라고 우리를 초대까지 했다.

이 마을의 집들은 작은 돌과 큰 돌덩어리를 쌓아올려 만든 것이다. 틈새는 군데군데 점토나 가축의 마른 분뇨로 막아놓았다. 평평한 지붕은 굵은 나뭇가지나 두꺼운 널빤지로 만들어지고 그 위에 흙을 쳐올려서 밟아 단단하게 다져놓은 것이어서 이것이 그대로 이웃집의 테라스로 되어 있다.

집안에는 창이 없는 방 하나에 화덕이 놓여 있고 지붕에는 굴뚝 대신에 작은 구멍이 뚫려있다. 눈이 어둠에 익숙해지자, 조잡한 가구가 보이기 시작했다. 가죽을 팽팽하게 깔아놓은 평상이 하나 있는데 이것이 바로 가족 모두가 함께 자는 침대 역할을 하고 있다.

　주부를 위해서 별도의 소형 걸상이 하나 있는데 나머지 가족은 모두 다 바닥에 깔아놓은 헌 모포나 가죽 아니면 누더기 위에 앉는다. 방 한 구석에 상자 하나와 자루 몇 개가 있는데 여기에 겨울을 대비한 저장품이 들어있다. 이것이 그들 살림의 모든 것이다. 또 다른 여인의 집도 방문하게 되었는데 어느 집이나 거의 같아 보인다.

　밤을 지낼 수 있는 잠자리로 마을 사람들이 움막 하나를 제공해 주었다. 그 움막에는 저장품이 저장되어 있었는데 밤중에 끊임없이 쥐들이 뛰는 발소리에 몇 번이고 눈을 뜨곤 했다.

　아침 식사에는 농부의 아낙네들이 응유, 차파티, 달걀을 가져다 주었다. 이번 원정 동안 줄곧 식량은 주로 현지사람들과 루피, 혹은 의료품으로 교환하여 생활을 유지했다. 우리들이 구할 수 있었던 것은 옥수수, 달걀, 닭, 차파티, 염소의 젖, 약간의 숫양 고깃덩이, 그리고 독특한 푸른색의 야채 등이었다. 이 야채는 보기에는 파, 부추 같은데 맛은 시금치와 같고 많아서 늘어뜨린 머리처럼 엮어서 삶는다.

　우리는 다시 행진을 계속했다. 포터들은 행진 도중에 뇌조(雷鳥)를 쏘아 맞히기도 했다.

　마침내 우리는 황량한 무인의 고원목장인 나가톤에 도착하였다. 여기에서 거대한 자작나무 아래에 있는 허물어진 움막에서 3일째의 밤을 지낼 준비에 들어갔다. 디아미르 계곡의

주민들은 모두 친절하고 깡마른 사지에 가냘픈 몸매를 하고
있다. 그리고 윤곽이 뚜렷하게 잘 생긴 얼굴을 하고 있으나
가난하고 힘든 생활의 흔적을 한눈에 알아볼 수 있다.

얼굴을 씻지도 않으며 해가 바뀌어도 낮이고 밤이고 같은
옷을 입고 있다. 얼굴과 손은 입고있는 옷처럼 그을린 검댕
으로 더럽힌 누런 빛깔의 때가 잔뜩 끼어있다. 어디를 가도
우리를 친절하게 맞아 주었으며 어디를 가나 의료의 도움을
희망하는 환자들이 우리 주위를 빙 둘러쌌다. 대부분이 눈의
염증에 걸려 있었으며 우쉬가 할 수 있는 데까지 성의껏
간호하고 치료를 해주었다. 깎아지르듯이 험준한 계곡은
끝났다. 우리는 앞으로 계속 올라갔으며 이윽고 돌멩이가
가득 뒤덮인 흐르지 않는 빙하에 도달하였다.

이 빙하를 가로지르고 을씨년스러운 황량한 고원목장과
물이 말라버린 계류의 옆을 지나갔다. 광대한 관목숲으로
뒤덮인 고원을 넘고 낭가파르바트 암벽의 기부에 가까이
다가갔다. 거대한 암괴 부근에 텐트를 치고 포터들을 돌려보
내놓은 후 이제 우리의 보금자리를 짓기 시작했다.

우리는 지금 4,200미터의 고도에 도달해 있었다. 우쉬는
놀란 얼굴이 되어 낭가파르바트를 쳐다보고 있었다. 푸르른
미광을 반짝이는 얼음의 벼랑과 깎아지른 듯한 가파른 마제
노의 능선을 가진 이 거대한 벽을 바라보고 놀라고 있는
것이었다. 마제노의 능선은 벌써 긴 어둠의 그림자를 던져주
고 있었다.

나는 저 고소에 있는 계곡을 알고 있으므로 함께 낭가
파르바트의 정상에 선 귄터의 모습이 자꾸만 떠올랐다.

여기에서 우리는 나흘을 지냈다. 처음에 우쉬는 얼음 사태
의 끊임없는 굉음에 놀라서 잠을 이루지 못했으나 차츰 익숙
해 갔다.

나는 오랫동안 눈을 뜬 채로 깨어 있었다. 머리속에서는
끊임없이 귄터의 모습이 사라지지 않았다. 지난해 여름에
일어난 일들이 마치 영화를 보는 것처럼 또 다시 나의 눈앞
에 떠올랐다.

그때 낭가파르바트의 폭풍설은 우리를 두 번이나 고소캠프
에 몰아넣었다. 그러는 동안 시간은 모자랐으나 태양이 나타
났으므로 세번째의 등반을 시도할 수 있었다. 우리 다섯
사람은 루팔 벽의 제4캠프에 허리를 쭈그리고 앉아 있었다.
제5캠프에는 아직 아무도 없었다. 정오에 원정대장인 칼
헬리히코퍼와 무전연락을 취했다. 그는 베이스 캠프에 있었
다. 날씨는 또 다시 나빠질 것만 같았다.

남쪽 하늘에는 상당한 넓이의 구름바다가 끼어있고 차츰
가까이 몰려오고 있었다. 그래서 그가 그날밤에 일기예보를
듣고 다음과 같은 신호를 보내줄 것을 약속했다.

푸른 신호탄 ; 이 신호가 보내지면 날씨는 당분간 좋을
것이므로 시간적 여유가 있으니 침착하라. 메르클 · 린네에
고정자일을 설치할 수 있고 이 고정자일의 설치가 끝나면
넷이서 정상공격을 감행하는 것으로 되어 있다.

빨간 신호탄 ; 이 신호는 날씨가 나빠지므로 시간적 여유가
없다. 우리는 마지막 기회를 갖는다. 이때는 내가 단독으로
등반을 계속하여 올라갈 수 있을 때까지 올라가 본다.
그리고 경우에 따라서 정상을 향해 돌진한다.

푸른 것과 빨간 신호탄 ; 이 신호가 보내질 때는 날씨가
심상치 않으므로 결정은 정상공격대에 일임한다.

이날밤 우리는 빨간 신호탄이 하늘 높이 올라가는 것을
보았다. 우리 세 사람은 제5캠프에 올라와 있었는데, 이제
베이스 캠프와의 무전연락이 불가능하게 되었다. 모든 것은
확실히 결정된 것이다. 아마도 내일은 내가 올라갈 수 있는
곳까지 등반을 시도할 수 있으리라.

게르하르트 바우어와 귄터는 메르클 · 린네의 제일 아래쪽
의 암장에서 자일을 고정하는 작업을 하기로 되어 있었다.
한밤중을 서너 시간 지난 후 내가 텐트를 떠났을 때 달은
아직 나오지 않았다. 여기는 낭가파르바트의 훨씬 높은, 평지
에서 멀리 떨어진 곳이었다. 옷은 따뜻하게 입었으나 나머지
는 필요한 것만을 가지고 가자고 했다. 비박장비만은 잊지
않았다. 헤드램프의 불안정한 빛을 의지하고 메르클 · 린네를
손으로 더듬어가며 들어갔다. 마침내 여기에 다다르자 달빛
이 비쳐와 가는 길을 도와주었다.

이제는 방향을 보다 쉽게 알게 되어 천천히 올라갔다.
처음에 깎아지른 듯한 가파른 만년설과 설사면을 넘고 긴

린네 안으로 올라갔다. 얼마 후 끝없는 낭떠러지가 나타나 루트를 가로막았다. 장갑을 벗고 명주실로 된 장갑을 끼고서 험상궂은 빗장 모양의 암장을 기어올라 이어 두번째의 낭떠러지로 향하여 갔다.

이 낭떠러지는 그다지 어렵지 않았으므로 자유등반이 가능했다. 계속 올라가자 별안간 튀어나온 암장이 나타났다. 이 돌출 암장은 자유등반으로는 이제 넘어설 수 없었다. 그래서 일단 내려와서 메르클·린네의 우측 칸테를 가로지르고 빙전(氷田)으로 진출하는 루트를 시도했다. 이 빙전을 오르게 되면 남쪽 어깨에 해당하는 산마루에 오를 수 있는데 쉽게 오를 수 있을 것 같지 않았다. 나는 메르클·린네로 다시 내려갔다.

그리고 그 옆으로 치닫고 있는 좁은 람페를 발견하고 이 람페를 거슬러 올라 고도를 높여 갔다. 어려움도 줄어 들었다. 물론 여기에서도 각별히 주의할 필요가 있었다. 왜냐하면 시종 아이젠을 착용한 채로 오르고 있으며 이 주변의 암장은 부분적인 역층으로 되어 있어 위험했기 때문이다.

메르클·린네로 일단 내려와서 잠시 동안 숨을 돌리고 얼마 후 한 바위등을 넘어서 폭이 넓은 람페쪽으로 거슬러 올라갔다. 이 람페는 우측으로 남쪽 어깨를 감아돌고 정상으로 뻗어가고 있었는데 이 루트를 택함으로써 정상으로 오르는 루트가 열렸다고 생각했다. 험준한 메르클·린네를 따라서 아래쪽을 다시 한번 내려다 보았을 때, 누군가 나의 뒤를 쫓아 오르고 있는 것을 보고 나는 깜짝 놀랐다.

　이것은 환영일까 아니면 정말 사람인가, 내가 벌써 고산병에 걸렸단 말인가? 그것은 귄터였다. 동생은 얼마 후 내 곁으로 다가왔다. 그의 목소리는 여느 때와 다름없이 쩡쩡 울렸고 피로의 기색도 없었으며 쉰 목소리가 아닌 아주 명랑한 소리였다.

　그래서 나는 왜 뒤쫓아 올라왔으며 왜 자일을 가지고 오지 않았는지 묻지도 않았다. 40일 가까이 이 거대한 암벽에서 함께 행동하고 나란히 잠자리를 하며 서로 식사를 하면서 지내 왔다면, 더구나 자기 동생이 정상을 오르고 싶다는데 누가 말릴 수 있겠는가, 더우기 15년 동안을 한결같이 한 자일로 몸을 묶어매고 함께 오른 사람을 하지 못하게 말리기란 어려운 일일 것이다.

　마침내 우리는 남쪽 어깨를 향하여 일대 트래버스를 감행하기 시작하였다. 그 사이에 아침이 되었다. 태양이 하늘에서 뜨겁게 내리비치고 있었다. 이 남벽에서 내리쏟는 태양은 등반 자체의 어려운 고생보다 더 많은 애를 먹였다. 햇볕은 몸을 녹초로 만들고 졸음만 오게 하여 걷는 속도도 떨어뜨렸다. 아무튼 우리는 남쪽의 어깨 아래에 있는 거대한 사면을 천천히 트래버스했다. 수월하지는 않았으나 그렇다고 지나치게 어려운 루트도 아니었다.

────────────

1971년 낭가파르바트의 남서릉 원정대에 나선 라인홀트 메스너

이따금 암장을 가로지르고 또 가로지르며 전진하기만 하면
됐다. 발 아래에서는 안개바다가 피어오르고 낭가파르바트를
마주보는 작은 봉우리, 루팔피크가 안개 속에서 살짝 나타날
때마다 우리는 베이스 캠프의 위치를 찾아보았다. 그러나
그때마다 허사였다. 베이스 캠프는 시야에 들어오지 않았고
우리는 지상에서 너무나도 멀리 떨어진 곳에 와있었다. 태양
이 눈을 녹여서 푸석푸석하게 만드는 통에 걷기가 힘들어졌
다. 내가 남쪽 어깨로 이어진 능선 바로 밑까지 올라갔을
때는 이미 오후였다. 여기에서 오랫동안 휴식을 취했다. 러셀
로 인해 지칠 대로 지쳐 몸은 녹초가 되고 태양은 무자비하
게도 쨍쨍 내리비치고 있었다.

얼마나 지났을까, 귄터가 따라붙어서 잠시 후 나를 추월하
고 가파른 설사면을 올라서 정상 능선으로 나아갔다.

이때 나는 몇 장의 사진을 찍었다. 이것이 나에게 남겨진
귄터의 마지막 사진이 될 줄이야.

"정상이다 !" 귄터가 말했다. 외치고 나서 그는 눈에 깊이
내리박은 피켈에 몸을 기대어 숨을 돌리고 있었다. 나는
그를 뒤따라 올라 마침내 우리 둘은 꼭대기에 섰던 것이다.
남쪽 어깨 바로 밑이었다.

오른쪽에 있는 눈의 피라미드가 주봉이었다. 훨씬 우측으
로는 북봉으로 이어지는 능선이 뻗어있고 다시 그 전방으로
은의 설원(das Silberplateau), 은의 안부(der Silbersattel),
라키토피크(der Rakhitopeak)가 솟아 있었다.

이곳이 1953년에 헤르만 불이 올랐던 정상이다. 어려운 등반은 이제 끝났다. 지상 최고의 얼음과 바위의 절벽인 루팔 벽은 이제 우리들의 발 아래에 있었다. 좁은 능선을 밟으며 우리는 한발한발 주봉을 향하여 올라갔다.

내가 마지막 몇 미터를 더 올라갔을 때 귄터가 사진을 찍어 주었다. 사진을 찍은 다음 그는 뒤따라 올라왔다. 그리고 장갑을 벗어 손을 나에게 내밀었다. 특별한 일이 일어난 것도 아니었으나 이 악수를 나는 결코 잊을 수 없으리라. 이때 귄터는 올라왔던 어려운 암벽루트를 다시 안전하게 내려갈 수 있는 상태에 놓여 있는 것 같지는 않았으나, 일단 메르클·린네의 끝머리에 있는 샤르테의 요철부까지 내려가서 그곳에서 도움을 청하기로 했다.

이 표고 7,900미터의 높이에서 우리는 비박을 해야만 했다. 다음날 아침 메르클·린네 아래쪽에서 시야에 들어온 동료의 한 사람이 우리가 부르는 소리를 알아들을 수 있기를 바랐다. 오전 10시경 두 사람의 모습이 린네로 올라왔다. 그래서 나는 우리가 부르는 소리를 알아듣고 메르클·린네의 최초의 비교적 어려운 부분을 통과하기 위한 자일 한 동을 가져다줄 것이라고 생각하였다. 두 동료는 우리가 있는 곳에서 약 100미터 떨어진 지점까지 가깝게 다가왔다.

나는 자일 한 동이 필요하다고 외쳤다. 요철부 위에는 폭풍이 난무하고 있어서 의사소통이 여의치 않았다.

결국 우리는 의사소통을 제대로 이루지 못했다. 이윽고

두 동료가 어제 우리들이 밟아오른 자국을 따라서 계속 오르기 시작하였을 때 우리는 산의 반대쪽으로 내려가기로 결심하였다. 이것이 우리들의 유일한 탈출구였다. 이러한 고도와 추위에서 이틀째 밤을 지낸다는 것은 슬기롭지 못한 일이며 이대로 내려갈 경우 틀림없이 죽을 것만 같은 생각이 들었기 때문이다. 우리가 귄터를 도울 수 있는 유일한 수단은 디아미르쪽을 넘어서 가능한 한 빨리 산을 내려가는 것이었다. 11시에 우리는 출발하였다. 지난 겨울에 낭가파르바트를 모든 측면에서 철저하게 연구해 둔 것이 얼마나 유익하게 도움이 되는 것인지 절실히 느낄 수 있었다.

사진을 보고 책을 읽으며 가능한 한 정보를 모아두었는데 만일 이러한 지식이 없었던들 우리는 길을 잃고 말았을 것이다. 첫날은 한밤중까지 바위를 하강해 갔다. 상부 머메리 립페(Mummery Rippe)의 중간 부분에서 두번째의 비박을 했다.

아마도 6,200미터쯤 되는 고소였다고 생각한다. 귄터는 어느 정도 몸이 회복되었다. 첫 달빛이 비쳐오는 사이에 우리는 계곡쪽으로 하강해 갔다. 8시경에 암벽의 기부에 가파르게 솟구쳐 있는 사면에 도달하였다. 광대한 설사면을 한 사람씩 천천히 차례로 내려갔다. 나는 왼쪽으로 혀처럼 날름거리는 거대한 눈고드름의 첨단 위에서 몸을 버티며 전진했다.

귄터는 나의 뒤에 있었다. 이때였다. 피할 겨를도 없이 눈 깜짝할 사이에 쏟아져 떨어지는 거대한 얼음사태의 수많은 얼음덩어리 하나가 불시에 귄터를 강타했다. 이 순간 아우는 사라져버렸다. 그를 찾으려 하니 흔적도 없었다. 필사적으로 그를 찾아헤매기 시작했다. 먼저 모레인의 가장자리에서 계곡쪽을 오르내리면서 그 일대를 수색했다. 오후에는 빙하를 넘어 온 길을 되돌아 가서 찾았고 방금 쏟아져내린 얼음사태의 근처에서 소리높이 불러 보았다. 귄터가 얼음사태에 깔려 파묻혔으리라고는 도무지 믿을 수 없었다. 나는 계속 그를 찾아헤맸다.

　밤이 되자 졸음이 엄습해 왔다. 소스라치는 공포에 휩싸여 소리높이 외쳤다. 내가 지르는 모든 외침이 어느 누구의 귓가에도 들릴 리가 만무했다.

　허공에 사라져 갈 뿐이었다. 밤새도록 이러한 가운데 귄터를 찾아 헤매었다. 다음날 아침 태양이 암벽에 비쳐올 때 나는 다시 모레인 지대로 갔었다. 거기에서 서너 시간이 넘도록 보냈다. 사람들이 사는 지역에서 멀리 떨어진 외딴 곳, 나의 생애를 통해서 이처럼 쓸쓸한 기분을 일찍이 느껴본 적이 없었다.

　이윽고 나는 다시 소리높여 외쳤다. 여러 시간 동안 계속 불러 봤으나 허사였다. 다음날 아침 나는 계곡쪽으로 무거운 발걸음을 옮겨갔다. 저녁이 되어 원주민이 나를 보고 농가로 데려 갔다. 그 농가에서 우유까지 얻어 마시게 되었고 약간의 빵으로 요기를 할 수 있었다. 나는 나흘 동안을 아무것도 먹지 못했던 것이다.

그때 농가는 나가톤이라는 곳에 있었는데 이번에 다시
오게 되었다. 그때 내가 아래에서 잠을 잤던 나무는 잘려
넘어져 있었고 움막도 텅 비어 있었다. 지금 나는 다시 낭가
파르바트를 찾아 온 것이다. 작은 텐트 안에서, 지나간 일들
을 생각하니 잠을 이룰 수가 없었다. 날씨는 아직 좋았고
서쪽의 지평선 위로 힌두쿠시의 봉우리들이 선명하게 떠올라
알아볼 수 있었다.

그래서 나는 다시 귄터를 찾아나섰다. 날이 샐녘에 출발하
여 보름달이 떠올랐을 때 돌아왔다. 나는 지칠 대로 지쳐
버렸고 아무것도 찾아내지 못해 의기소침해졌다. 그곳에는
그 사이에 또 다시 새로운 얼음 사태의 더미가 많이 깔려
있었다. 날은 점점 추워졌다. 산록행진을 하며 돌아오는 첫
야영지는 을씨년스럽고 황량한 고원목장이었다. 베이스 캠프
의 상부에는 벌써 눈이 내리고 있었다.

다음날 밤을 우리는 세르에서 보냈다. 우리들의 잠자리인
염소 움막에서 저녁 식사를 준비했다. 큼직한 닭을 요리해서
먹었다. 마을 사람들이 반쯤이나 몰려와 모닥불가에 둘러
앉았다. 우리는 밤 늦게까지 노래부르며 지냈다. 독일어로
말하면 이번에는 우르두어가 튀어 나오고, 독일어와 우르두
어가 번갈아 나오고 포터들은 춤을 췄다. 이튿날 세르에도
눈이 내렸다.

우리는 눈을 헤치고 앞으로 나아갔다. 도중에 커다란 땔감 다발을 이고 가는 농부를 만났다. 또 어떤 농부는 사냥을 하러 가는 길이었다. 갑자기 겨울 같은 분위기를 느꼈다. 이날 오후에 우리는 막 디아미라이에 도착했다. 부나르 강의 다리에서 우리는 이 원기발랄한 포터들과 헤어졌다. 우리는 이미 그 비행경로를 알고 있었지만 라왈핀디행 여객기를 타지 않고 이번에는 인더스 계곡을 따라서 히치하이킹을 하면서 가기로 결심했다.

화려한 색깔을 한 파키스탄의 트럭이 우리를 태워 주었 다. 지붕에는 무장한 군인들이 타고 있었다. 뒤쪽에는 천조각 으로 몸을 두른 농부들이 가재도구와 소중한 여행용 식량을 가지고 쪼그리고 앉아있으며 발 밑에는 다리를 묶어 놓은 닭들이 웅크리고 있었다.

이 여행은 사흘 동안 계속되었다. 사흘 내내 바위를 깎아 낸 도로를 달렸다. 돌조각이 굴러 흩어져 있고 물에 씻기어 바랜 이 도로는 유럽이라면 아마도 하상(河床) 정도밖에 되지 않으리라고 생각했다. 낮에는 아무것도 먹지를 않았는 데 회교도 사순절(四旬節)의 단식의 달인 라마단이 시작됐으 므로 낮 동안엔 아무것도 먹지 않는다. 밤에는 도로 주변에 있는 작은 여관에서 잤다.

여관이라야 대부분 세 벽이 돌담으로 둘러있고 그 위에 임시로 가설한 지붕을 얹어놓은 것이며 길로 통하는 앞면만 이 열려 있을 뿐이다. 한 구석에 돌로 쌓아올린 화덕이 있고

디아미르 계곡에서
만난 파키스탄의 여인

휴식

어두운 빛깔의 복장을 한 사나이들
이 반쯤 원을 그리고 둥그렇게 우리
앞에 쪼그리고 앉았다. 그들은 달걀,
차파티를 팔려고 늘어놓고 있는 동안
에도 이따금씩 지면에 가지런히 세워
둔 돌틈 사이에 가물가물 타고있는
불꽃 속에 땔감을 지피는 것이었다.
디아미르 계곡으로 들어서는 길목의
옥수수밭과 도랑 사이에 고산족의
허물어진 폐허가 있다. 이 돌투성이의
땅은 아무리 일구어도 식량을 제대로
거두어 들일 수 없으므로 젊은이들은
저지로 내려가 거기에서 새봄을 기다
리는 것이었다.

이때 협곡의 어스름 속에서 돌연
쓸쓸한 모습의 아낙네가 홀로 나타났
다. 그녀는 아스라한 산마루에서 이리
저리 뒤적이면서 땔감을 한데 모으고
있었다.

허술한 누더기를 손목까지 내리싸
고 맨발에는 가죽끈을 휘감고 있었으
며, 머리에는 엉성한 치장을 하고
있었다. 잠깐 동안 그녀는 입구에
멈춰서 있더니 다시 비틀거리며 힘없
이 걸어가고 있었다. 마치 흘러간
아름다운 환상을 보는 느낌이 들었
다.

저녁에는 덮개가 없는 화덕에서 불을 지펴서 차를 끓이며
식사를 준비하는 것이었다. 방의 반대쪽에는 널빤지로 만든
잠자리가 있고 그 위에 솜을 넣은 덮개가 너무나도 낡아서
언제 만든 것인지 알 수 없었다. 이 헌 덮개를 널빤지 위에
깔아놓은 셈이다.

밤이 되자 그들은 우리를 깨웠으며 우리는 간단한 식사를
하게 되었다. 쌀과 닭고기를 쟁반에 올려 침대까지 갖다
주었다. 이들은 음식을 손가락으로 집어먹는다. 한 접시에
놓은 음식을 한데 모여 함께 먹는데 이러한 식사법에 익숙해
지자 음식이 아주 맛있었다. 이번 여행 중에는 유럽 사람을
한 번도 만나지 못했다.

인더스 계곡은 불모의 지대로 그 황량한 바위투성이의
사면이 인상적이었다. 어디를 둘러봐도 눈에 들어오는 색깔
은 갈색, 황색, 베이지색이다. 간혹 황금색을 띤 두서너 채의
농가가 녹색의 좁은 토지와 같이 나타나고, 여기 저기에
옥수수밭이 보였다.

우리는 카슈미르를 떠나서 스바트로 왔다. 경치는 더욱
볼 만해졌다. 구릉지대 침엽수의 수풀이 비옥한 평야쪽으로
펼쳐져 있었다.

우리는 멘고라에서 처음으로 싱싱한 과일을 샀다. 그리고
말라칸트, 마르단, 노브셰라를 지나서, 농부와 아이들과 베일
을 얼굴에 뒤집어쓴 아낙네들, 손잡이가 달린 수많은 바구니

로 가득찬 버스를 여러 번 갈아타고 라왈핀디까지 여행을
했다.

　호텔에 들어섰는데 현관 앞에 서 있는 종업원은 다시 만나
는 우리를 알아보지 못했다. 우리는 거울에 비치는 자신들의
모습을 보고서야 우리를 알아보지 못한 그 종업원을 이해할
수 있었다. 우리는 햇볕에 타고 딱지가 앉은 것처럼 먼지가
잔뜩 묻어 있었다. 머리카락은 헝클어져 있고 벼룩이 문
자국 때문에 꼴이 말이 아니었다.

　목욕을 하고 옷을 갈아 입고 수염을 깎고나서 한 시간
후에 우아한 저녁식사를 하기 위해서 촛불가에 모습을 나타
냈더니 호텔 종업원은 능청맞게도 약삭빠른 윙크를 우리에게
보내고 있었다.

파이틀러, 거대한 벽이여
(귄터 메스너의 보고)

    나의 눈길이 천천히 암벽을 훑으며 또 올라간다… 천천히 …눈은 무언가를 찾고 있다…견주어 보고… 가늠하고 있다 … 점과 점을 맞추어 일치된 하나의 선으로 잇고 있다.

    나는 구겨진 지도를 손에 들었다, 바로 북벽의 지도를. 나는 그 지도의 뒷면에 "파이틀러, 거대한 벽이여, 잘 살펴 보았다. 어느쪽으로나 자유 등반은 가능해. 소요 시간은 하루, 토요일에 기다리고 있겠어." 라고 아무렇게나 휘갈겨 버렸다.

    라인홀트가 찾아 왔다. 그는 힘든 일주일을 보냈다. 시험인 지 뭔지 벼락공부를 해야 했으며 거의 잠도 자지 않았다. 내가 세운 계획이 라인홀트에게는 다소 당돌하게 생각된 모양이다. 비박을 하지 않고서는 이 벽을 도저히 올라설 수 없다고 그는 미심쩍게 생각했다. 그러나 나는 하루면 오를 수 있다고 우겨댔다.

북쪽에서 본 파이틀러 정상

나는 월요일이면 다시 일터로 돌아가야 할 몸이다. 오후에
우리는 500CC의 오토바이를 몰고 신나게 콜까지 달려갔다.
콜부터는 걸어서 갔다. 군간(Gungan)의 초원을 지나고
뷔르젠을 향해서 올라갔다. 화창한 빛이 곳곳에 넘쳐 흐르고
있었다. 북벽도 흐려보이지는 않았다.

북벽은 이내 미소를 짓고 있었으며 우리도 웃음을 보였
다. 도대체 이 암벽이 아직껏 완등되지 않았다는 것은 누구
도 믿을 수 없으리라.

아침은 간밤의 날씨보다 더 말끔히 개어 있었다. 옷에
달라붙은 건초를 서로 떼어주고 있는 동안 햇빛이 두 갈래로
쏟아지며 정상을 스쳐갔다. 이제 슬슬 출발해야 할 시간이
다가왔다.

반들반들한 북벽이 무장한 거대한 괴암으로 다가왔다.
정말 하루에 이 북벽을 오를 수 있을까?

울퉁불퉁한 산자락을 비척거리며 흩어진 바윗돌들을 밟아
가면서 등반어귀를 향해 걸어갔다. 처음 몇 피치에서는 빠른
속도로 손쉽게 올라갔다. 마침내 V형 디에드르의 분기점까지
올라갔다. 자유등반이 가능한 루트를 찾아서 오른 다음 오른
쪽으로 트래버스하고 오른쪽의 반들반들한 디에드르의 벽면
을 올라갔다. 그리고 거대한 황색의 오버행 아래의 폭넓은
밴드에 다다랐다.

밴드에서 잠시 동안 휴식을 취하고 구부러진 하켄을 두들
겨 고쳐 만들고 가득 채운 가죽 수통의 물을 마셨다.

이제 겨우 10시였다. 이윽고 라인홀트는 부서질 것만 같은 아슬아슬한 디에드르를 가랑이를 한껏 벌려 가면서 올라갔다. 얼마 후 그는 손발을 멈췄다… V형 디에드르가 오버행 형태로 드리우고 앞을 가로막는다.

손발만 활용하는 자유등반으로 극복할 수 있을까? 나는 몹시 긴장했다. 라인홀트는 오른쪽으로 트래버스하기 시작하였다. 나의 눈에는 두 개의 육중한 검은 구두바닥밖에 보이지 않았다.

그 구두바닥이 점점 크게 보여오는가 싶었는데 그 순간 칸테 너머로 사라져갔다. 칸테부터의 전방은 멋진 피치가 계속되고 거대한 지붕끝의 바위 밑에까지 쾌적한 등반을 할 수 있었다.

우리는 서로 몇 번이고 감격의 소리를 하늘높이 외쳤다. 정상 아래의 볼록한 철릉(凸稜)에 도달하였을 때 태양은 아직도 중천에 떠있었다.

한번은 길을 잘못 들어 시간을 허비하게 되었다. 라인홀트는 되돌아오더니 오른쪽으로 루트를 잡고 전진을 시도했다. …이번에는 올라갈 수 있다…

우리는 마침내 파이틀러의 북벽에 올라섰다.

느두군두구

> "느두군두구! —— 느두군두구!"
> 빙하를 보았을 때 다니들은 환호의 목소리를
> 올렸다. 그러나 이 노래는 사실 그들의 마음을
> 사로잡는 깊은 공포의 어렴풋한 메아리였다.

우리는 둘이서 9월에 밀라노를 출발하여 우선 서뉴기니아
의 수도인 자자푸라까지 장장 지구의 반을 날아갔다.

이 거대한 열대의 섬은 정치적으로 두 동강이가 나있는데
동부는 호주에 속해 있고 이리안바라트라고 부르는 서부는
1963년 이래 인도네시아에 속해 있다.

우리는 옛날 홀란디아라고 부르던 자자푸라에서 당국의
까다로운 수속을 그럭저럭 모두 마치고 3주간의 식량을 준비
하고나서 30킬로그램의 소금도 샀다.

그리고 나중에 포터 없이도 지낼 수 있도록 날붙이의 접칼
과 쇠붙이의 손도끼도 샀다. 뉴기니아의 고지에 살고있는
다니족은 지불수단인 돈을 모른다. 그들은 지금도 석기 시대
의 양식으로 살고 있으며 활과 화살을 가지고 사냥을 하거나

원시림을 돌도끼로 개간한다. 그들은 천을 짜서 옷을 지어
만들 줄을 모르며 그들의 의식(儀式)은 잔혹스럽다.

전문가의 추정에 따르면 이리안바라트에는 현재 백오십만
의 사람이 살고 있다고 한다. 이중 약 70만이 섬의 오지,
말하자면 표고 1,400미터에서 1,800미터 사이의 고지에 살고
있으며 나머지는 해안가에 살고 있다는 것이다.

섬의 대부분은 사람이 살고 있지 않으며 인적미답인데다가
통과마저 어려운 원시림의 정글이다.

그곳에는 악어, 뱀, 독살스러운 모기들이 서식하고 있다.
길도 없거니와 소형 세스나기편으로 겨우 고지의 주요 마을
에 접근할 수 있을 뿐이다.

우리를 태운 세스나기의 조종사는 노련한 솜씨로 약간의
오르막이 있는 울퉁불퉁한 활주로에 세스나를 착륙시켰다.
활주로 옆에 기다리고 있던 다니들이 놀라서 황급히 뒤로
물러선다.

우리는 곧바로 세스나에서 짐꾸러미를 부렸다. 모두 통털
어 100킬로그램. 이렇게 모여 달라고 한 것도 아닌데, 다니들
은—우리 주위로 모여들어 이 곱슬머리의 작달막한 니그로
들은—도와주겠다고 야단 법석이다. 무심결에 나는 어린
시절에 동화책에서 보았던 식인종의 모습을 상기했다. 사나
이들은 거의 벌거벗은 채로, 다만 말린 호박 껍데기로 음경
을 가리는 덮개를 달고 다닐 뿐이다. 덮개는 50센티미터,

고요함

저녁 한때 차가워진 공기가 정글의
상공에 흐르고 나무와 나뭇잎들을
흔들어 놓는다. 그리고 사람의 마음을
저물어가는 하루의 고요 속에 잠기게
한다. 아직도 밝은 시간이지만 이제
할 일은 아무것도 없었다.

혹은 더 긴 것도 있다.

몇 사람은 극락조(極樂鳥)의 날개를 코에 끼고 다닌다. 얼굴은 그을린 검댕이와 돼지기름이 묻어서 더럽혀져 있었다. 갈대잎으로 만든 요포(腰布)를 허리에 두른 아낙네들은 남자들보다 포근한 인상을 준다.

우리는 일라가에 와 있었다. 이륙 전에 조종사가 일라가 마을을 일러주었다. 우리는 짐꾸러미를 그 자리에 부려둔 채 잠시 어찌할 바를 모르고 서 있었다. 원주민의 말이라곤 한 마디도 알 까닭이 없었다.

어느쪽이 남쪽인지, 필요한 포터를 어디서 찾아 낼 수 있는지 도무지 알 길이 없었다.

"느두군두구 !"

나는 이 말을 공을 던지듯이 주위에 둘러서 있는 다니들에게 건넸다. 그들은 이 말을 받자 진지한 표정을 짓고 양손을 내밀며 정글과 산쪽의 상공을 가리키면서 계곡으로 들어가는 방향을 가르쳐주었다.

그렇구나, 알았다. 그쪽이 서쪽이다. 거기에 카르스텐스의 산군이 있겠구나. 적도 아주 가까이에 뉴기니아 고지에 있는 계곡의, 비만 내리는 고온다습(高溫多濕)의 삼림 바로 위에 빙하가 있다는 사실은 아무리 생각해도 믿기 어려운 일이었으며 동시에 대단히 매혹적인 일이었다.

카르스텐스 산군에는 히말라야와 안데스 산맥의 중간쯤 되는 고봉들이 솟아있고 이 산군에 있는 암벽도 돌로미테

못지않게 깎아지르듯이 서 있다.

우리들의 원정목표는 이 산군에서 제일 높은 봉우리이다. 그 산 기슭까지는 빽빽이 밀생한 정글과 식인종이 사는 부락을 통과하지 않으면 안 되었다. 다니들은 얼음, 눈, 추위와 관계되는 것이라면 모조리 '느두군두구'라고 부른다. 최초의 낭가파르바트 원정때 동상을 입고 발가락이 절단된 발을 보여주자 그들은 나까지 느두군두구라고 불렀다. 물론 그들은 처음에 내가 비통한 나머지 스스로 발가락을 잘라낸 것으로 믿었던 것이다.

왜냐하면 다니들은 가족의 한 사람이 죽으면 그때마다 손가락 마디 하나씩을 잘라내든지 귓바퀴의 일부를 도려내는 습관이 있었기 때문이다.

일라가의 계곡은 이리안바라트의 산중에 사람이 사는 가장 높은 지역이며 1954년에 선교사 일행에 의하여 발견된 곳이다. 계곡은 넓고 주위는 산으로 둘러싸여 있다. 동쪽을 바라보면 이 산군의 모든 산 위로 위풍도 당당하게 켈라보가 군림하고 있으며 그 하얀 석회석의 암벽은 정글의 짙은 녹색과 현저한 대조를 이루어 솟아있다.

밭은 골고루 계곡의 양쪽으로 펼쳐져 있다. 군데군데 손을 뻗은 것처럼 비가 많은 삼림 속으로 쑥 들어가 있다.

이 삼림은 신비스러운 성벽처럼 주변을 둘러싸고 있다. 남쪽 끄트머리에는 수천 명의 나날폭이 실고 있다. 그러나 이 계곡의 약 만 명에 이르는 원주민의 대부분은 다니족이

다. 그들은 동쪽 지방에서 이 계곡에 옮겨와 살고 있다고
주장한다. 그런데 한 추장은 자기들의 조상은 검은 동굴에서
나왔다고 설명했다. 여기서는 남녀가 따로따로 다른 움막에
서 살고 있다.

그들은 주로 고구마, 사탕수수, 바나나, 옥수수, 돼지고기를
먹고 산다. 일라가에서는 열매가 잘 여문다. 해가 바뀌어도
일년 내내 온도가 별로 변하지 않는 마치 중부 유럽의 봄과
도 같은 기온이다. 여기는 소나무와 종려나무가 나란히 자라
고 있는데 지상에서 이런 곳은 다른 어디에서도 찾아볼 수
없을 것이다.

일년 내내 꽃들이 피고 한 가지의 수확이 끝나면 또 계속
해서 다음 수확이 시작된다. 여기는 몬순도 없거니와 건조기
도 없다. 새들은 사시절 언제나 지저귀며 노래한다. 봄과
가을이 동시에 찾아오고 거대한 석남화의 나무가 우거진
밀림의 싱싱하고 어린 꽃봉우리들 곁에 녹색의 잎들이 떨어
져 뒹굴고 있다.

이날 중에 나는 일라가에서 포터를 고용할 수 있었다.
그들이 우리와 함께 산에 동행하기로 되었다.

나는 집집마다 찾아가서 가장들과 교섭을 폈다. 다니들의
집은 둥글고 지붕 높이라고 해야 사람의 키 정도밖에 되지
않으며 갈대짚으로 덮어 씌웠다. 낮은 입구를 기다시피 하여
안으로 들어가면 사내들이 불가에 쪼그리고 둘러앉아 있다.

집이라는 움막의 지름은 6미터 정도, 안에서는 몸을 세울

수가 없다. 때로는 스무 명 이상이나 되는 다니들이 원을 이루고 앉아 있다.

그 검은 몸뚱어리가 불빛에 비치면 바깥에서 볼 때보다 더 섬뜩한 느낌이 든다.

그동안에 나는 낱말책을 만들었다. 모두 합해도 마흔 개의 낱말밖에 되지 않았다. 이렇게 적어 둔 낱말책을 가지고 나는 그들과 대화를 시도하는 것이었다. 여러 민족이 사는 나라로 원정을 나갈 때마다 그쪽 민족의 말을 모르면 나는 처음에 손짓 발짓 다 써가면서 의사를 표시한다.

그리고 중요한 말을 메모지에 적어두며 그 말에 따른 표기까지 기입하여 둔다. 이렇게 해서 없어서는 안 될 귀중한 사전을 갖게 되는 것이다. 다니들은 나에게 퍽 호의적이었으며 고구마와 일종의 시금치를 가져다주었다. 그런데 나는 그들을 포터로 고용하는데 여러 가지 애를 먹었다. 적어도 열다섯 군데의 집을 찾아다닌 끝에 열 명의 다니들의 이름이 나의 리스트에 오른 셈이 되었다. 그들은 다음날 아침 우리들의 캠프지에 오기로 약속하였다.

이러는 동안에 어느덧 밤이 되었다. 이튿날 아침 고용한 포터를 데리고 출발할 때 열 명이 아니라 쉰 명이 되어 버렸다. 그러나 그들 중에 고구마를 지고 있는 포터 몇몇이 우리들의 포터임에 틀림없다는 것을 확인하였으나 나머지는 누가 진짜 원정에 참가하여 주는 것인지, 누가 가지 않는 것인지 잠시 동안 알 수 없는 일이었다.

산록행진을 시작한 지 한 시간이 지난 후에 이 오합지졸의
무리는 이쯤되고 보니 이제는 다니들의 어느 누구도 앞으로
는 필요불가결의 존재가 되리라는 생각이 문득 들었다. 까닭
인즉 그들은 도중에 고구마, 옥수수, 바나나, 사탕수수의
다발을 아주 많이 사므로 한 사람이 짊어지는 짐이 지나치게
무거운 나머지 원정대의 속도를 떨어뜨릴까봐 걱정스러웠기
때문이다.

이 사들인 물건의 지불은 내가 도맡아 처리했지만 가득
채운 한 포대의 고구마와 한 줌의 소금으로 바꾸었다. 보통
값어치의 3배를 지불한 셈이었다. 갑작스레 부락은 끝나고
어느덧 정글의 한 복판에 들어섰다. 희미하게 잘 알아볼
수 없는 오르막길을 지나서 다니들은 우로 좌로 꺾고 굽어지
고 또 휘돌면서 밀림 속을 안내했다.

이윽고 아슬아슬하리만큼 미끄러운 통나무 다리를 건너는
데는 신경을 곤두세우고 몸의 균형을 잡아야 했다.

그리고 수도 없이 흩어져 있는 웅덩이를 뛰어넘고 계류나
습지대의 물속을 걸어서 건너야 했다. 굵은 통나무는 둘레가
수 미터에 높이가 백미터에 이르는 것도 있었다.

이끼가 낀 교목 밑으로 작은 관목과 잡초가 너무나도 촘촘
히 무성하게 자라고 있는 통에 나는 기어가지 않으면 통과할
수 없을 정도였다. 간혹 햇빛이 늪지대의 지면까지 비치고

뉴기니아 카르스텐스 산군의 푼차크자자

있었다. 나는 방향감각을 모조리 잃어버렸다. 일라가는 어디
쯤인지, 우리는 어느 쪽으로 가고있는지 이제 분간할 수가
없었다. 다니들의 안내가 없었던들 이 자연의 미로에서 두
번 다시 헤어나지 못했으리라. 다니들은 가벼운 발걸음으로
통나무에서 통나무로 달리듯이 건너갔다. 그들이 후—후—
하고 외치는 소리는 꼭 강아지가 짖는 것 같았다.

　그들은 저마다 20킬로그램 또는 그 이상을 짊어지고 가는
데도 어떻게 된 판인지 겉보기에는 도무지 피로의 기색이
엿보이는 것 같지 않았다. 우리는 꼬박 여덟 시간을 걸어
마침내 늦은 오후에 좁은 빈터에 당도하여 여기에서 하룻밤
을 묵기로 했다.

　다니들은 짐을 부려놓고 후—후 외치면서 일라가에서 건네
준 손도끼를 흔들어대며 수림 속으로 달려 갔다. 이윽고
그들은 통나무와 폭이 큰 싱싱한 나무 껍질을 가져 왔다.

　이것들을 가지고 한 시간도 채 되기 전에 비가 새지 않는
움막 두 채를 만들어냈다. 우리의 새 텐트보다 훨씬 비를
잘 막아주리라.

　이튿째에 우리는 처음으로 목표를 볼 수 있다. 어느새
고개를 넘어섰고 마침내 정글은 끝난 것 같았다. 눈앞에
끝없는 고지가 펼쳐지고 그 좌측은 꼭대기가 편편해 보이는
산들로 경계를 이루고 있었다.

　갑자기 다니들이 황급히 달려가더니 바위가 불쑥 튀어나온
돌출부에 서서 합창이라도 하듯이 입을 모아 "느두군두구!"

하고 고함을 질렀다. 두 손으로 서쪽을 가리킨다. 그쪽을
보니 바위와 구름 사이에 하나의 하얀 줄무늬가 완연하게
보였다.

그 눈부신 광채는 우리 눈에 선명하게 비쳤다. 그것은
카르스텐스 산군의 만년설이었다. 그 만년설은 아직 까마득
하게 먼 곳에 널려있어 처음 보았을 때 솟아난 감격도 피로
감 때문에 밀려가 버렸다. 그 산까지는 앞으로 사흘을 더
행진해 가야만 한다.

수많은 계곡, 산릉, 계류, 늪지대를 넘어가야 할 판이었
다. 지쳐버리고 흠뻑 젖어버린 몸으로 우리는 식물 한계지점
까지 당도했다. 여기에서 오버행 아래에 캠프를 설치했다.
다니들은 여기에서도 움막을 짓고 서로 엉겨붙어 모닥불
주위에 원을 이루고 웅크리고 앉았다. 나는 지붕꼴의 바위
밑에서 잤는데 물방울이 침낭 위로 뚝뚝 떨어졌다. 나는
아침을 기다렸다. 새들이 지저귀는 노랫소리가 들리자 곧
다니들도 생기를 되찾기 시작했다. 그들은 땔나무에 불을
지피더니 고구마를 굽는 것이었다.

6시가 되자 날이 밝아오기 시작했다. 나는 일어나서 차를
끓이고 세르지오를 깨웠다. 그리고 그들 중 다섯 사람이
함께 '느두군두구'에 올라가 주어야겠다고 포터들에게 이리저
리 설명했다.

그런데 장비를 정비해보니 식량의 2/3 가 모자란다는
것을 알았다.

생명이 위태롭다 ! 뉴기니아의 남해안에 식인종이 살고 있다는 것은 잘 알려진 일이다.

그러나 다니들은 평화를 사랑하고 선량한 사람들인 것 같다. 그렇다고는 하나 그들과 함부로 농담을 해서는 안 된다. 그들은 어린 개들처럼 언제 무슨 짓을 할는지 모를 일이니까.

불과 2 년 전의 일인데 선교사 두 사람이 창으로 죽음을 당했다. 그리고 문자 그대로 식인종들이 먹어치워 버렸다. 그들이 우리 몸뚱어리를 잔치의 요리로 먹어치우는 것보다 오히려 식량이 없어져서 전원이 도망을 가버리고 먹을 것도 없이 사람이 사는 부락에서 멀리 떨어진 이 외딴 곳에 떨어져 남게 될까봐 걱정스러웠다.

지금 같아서는 희망을 가질 수 있었다. 모자라는 식량은 일부 포터들이 더 가져오기로 되어 있었기 때문이다.

마침내 베이스 캠프를 떠나서 다섯 사람의 용기있는 다니들과 뉴질랜드 파스에 고소 캠프를 설치했을 때 아직 도착하지 않은 포터들의 모습을 찾아보았으나 어디에도 보이지 않았다.

출발하여 두 시간 후에 우리는 라르손 호수 위쪽에 있는 고개에 올라섰다. 호수 건너편에 카르스텐스 산군의 거대한 북벽의 정면이 보였다. 다니들은 감격하여 연신 빙하쪽을

이리안바라트 카르스텐스 피라미드에서의 석회암 등반

가리켰다. 빙하는 거대한 폭포가 되어 정상 설원에서 북벽의
린네나 협곡의 룬제로 흘러내리고 있었다.

　무심코 수직의 석회석 암벽을 쳐다보았을 때 나는 문득
돌로미테의 벽이 생각났다. 이 석회석의 암벽을 아직껏 아무
도 오르지 않았다. 나는 마음속으로 이 모든 암릉, 린네,
절벽을 찾아갈 선을 그려보면서 난이도와 고도를 추정해
보았다.

　나는 다니들을 보고 미소를 지어보였다. 그러자 그들은
"느두군두구"라고 말하고 그 꼴이 마치 초자연의 신령과
대화를 나누는 모습 같았다. 그리고 나서 그들은 배낭을
다시 짊어지고 총총걸음으로 앞을 서둘러갔다. 그들은 라르
손 호수가를 크게 원을 그리듯 돌아서 마침내 북벽을 따라
행진하더니 암벽의 기슭에 있는 거대한 암괴 옆에서 발을
멈췄다.

　갑자기 비가 내리기 시작했다. 다니 두 사람이 잽싸게
도망을 쳤다. 다른 일행도 암괴 밑에 들어가서 비를 피하며
이내 묵을 자리를 펴는 것이었다.

　비가 멈출 때까지 기다리자고 설득하는데도 애를 먹었다.
다니들은 각자 모두 판초를 가지고 있었는데 매일 비가 내리
기 전에 으레 움막덮개를 이용하여 불을 피우고 그 곁에
자리잡는 것을 버릇처럼 잊지 않았다.

　아직 비가 멈춘 것은 아니지만 남아있는 다니들에게 옷을
입히는 일을 착수하였다. 지금까지는 벗은 채로 4,000미터의

높이까지 올라왔지만 이대로 설선까지 올라갈 수는 없었다.

그래서 우리는 그들에게 셔츠, 스웨터, 반바지, 양말, 신발, 긴바지를 각자 희망에 따라 나눠 주었다. 이 옷과 신발을 아주 가져도 좋다는 설명을 하여주자 그들은 망설이다가 음경의 덮개를 벗는 것이었다. 물론 처음 셔츠를 입고서도 단추가 그저 장식품인 줄 아는 모양이어서 단추를 끼우는 것부터 도와주어야 할 판이며 손장갑을 발에 끼는 것이 아니라고 가르쳐주고 음경의 덮개를 착용한 채 바지를 입으면 불편스러워 거북하다는 것을 여러 차례 되풀이하여 가르쳐주어야 했다.

그러나 마침내 백 발자국도 걸어가지 못하고 최초의 한 사람이 신발을 벗어던지고 돌 밑에 감추며 양말을 신은 채 걸어가기 시작하였다. 다니들은 신발을 신을 줄 모른다. 그들은 폭이 넓찍한 발바닥으로 걷는다. 발바닥은 마치 개발처럼 두꺼운 각질층(角質層)이었다. 원숭이처럼 맨발로 미끄러지기 쉬운 통나무 다리를 넘거나 나무뿌리가 노출된 급한 사면을 발가락으로 단단히 밟아 붙이면서 오르고 어떤 구멍이 나타나도 틀림없이 뛰어넘는다. 그러나 신발을 신게 하면 마치 취한 사람처럼 비틀거린다. 생각보다 늦게 뉴질랜드 패스의 북쪽에 있는 캠프지에 도달하였다. 지붕꼴을 한 바위 밑에 꽤 평탄하고 마른 장소가 있었다. 여기까지 오는 사이에 포터들의 양말이 닳고 문드러진 바람에 그들은 베이스 캠프까지 맨발로 달려 왔다.

카르스텐스 산군을 다른 산군과 비교한다면 돌로미테에 있는 마르몰라타에 견주어 볼 만할 것이다. 차이점이 있다면 카르스텐스에서는 얼음과 눈이 남쪽 측면에 있고 그외에 규모가 돌로미테보다 크다는 점이다.

빙하는 마치 거대한 발굽의 쇠붙이 같은 형태로 피라미드를 둘러싸고 있다. 피라미드는 날카로운 칼날처럼 주릉의 남쪽으로 떨어진 곳에 솟아나 있다. 피라미드와 주릉 사이에 있는 카르에는 호수의 계곡, 겔렌의 계곡이라고 불리우는 두 개의 계곡이 있고 이 두 계곡을 분리하고 있는 것이 미덴 산릉이다. 바위는 회색의 석회석으로 되어있고 도처에 수많은 린네가 달려 있다. 뾰죽뾰죽 솟아난 작은 바위너설이 치닫고 있으며 거의 부서지지 않고 단단하다.

그 외에도 울퉁불퉁한 커다란 바위옹두라지와 손잡이의 홀드가 있으므로 수직의, 때로는 오버행 형태의 긴 암장에서도 자유등반이 가능하다. 물론 몇 개 안 되는 코스를 지나고 손가락으로 이 암장을 완전히 기어올라갔다.

이튿날 아침 이미 뉴질랜드파스를 넘어서 북벽으로 이동하고 호수가로 내려갔다. 그리고 하부의 카르스텐스 빙하를 가로질러 갔다. 빙하를 뒤덮고 있는 눈은 대부분 푸석푸석하고 미소한 입자 모양으로 둥글둥글했다.

그래서 이곳을 오를 때는 힘든 러셀을 각오하지 않으면 안 되었다. 빙하의 끄트머리에 진출하였을 때 처음으로 청빙을 만났으며 이 청빙이 좋은 홀드의 역할을 해주었다. 빙하는 최근 40년간 급속한 속도로 사라져가고 있었다. 1962년에 하인리히 하러는 1936년과 비교하여 빙하가 400미터 이상이나 후퇴한 것을 측정할 수 있었으며 우리는 이같은 빙하가 1962년에 비해서 약 120미터 정도 후퇴한 것을 확인할 수 있었다.

오전 일찍이 우리는 이 산군의 최고봉을 형성하고 있는 카르스텐스 피라미드의 길고도 들쭉날쭉한 갈라진 동릉으로 진출하였다. 몸의 균형을 잡으면서 칼날 같은 릿지를 기어오르고 암탑에서 암탑으로 넘어서며 때로는 북측 때로는 남측으로 암탑을 돌아서 암벽으로 나아갔다.

어느 사이에 눈이 내리기 시작했다. 그러나 바위는 거칠거칠하고 단단했으므로 정오를 막 넘을 무렵에 손을 정상에 내밀 수 있었으며, 이때 어려움을 견디어가며 이렇게 등반을 몰아붙인 것이 좋았다는 즐거운 생각에 흐뭇했다.

주먹만한 큰 돌이 팔꿈치 윗부분을 내리칠 때까지 하강은 도중에 별 사고없이 순조로웠다.

자일을 끌어내리고 있을 때 멀리 떨어진 상부에서 서너 개의 돌이 암벽에서 떨어지더니 굉음을 내면서 별안간 내 쪽으로 굴러 떨어져왔다. 살짝 머리 옆을 스쳐가서 가까스로 위기를 모면했으나 돌 하나가 내 팔을 내리친 것이다. 급경사의 린네에 뛰어든 나는 한동안 의식을 잃어 버렸다.

깨어났을 때 팔이 부러진 것이 아닌가 하는 생각이 먼저 들었다. 몹시 통증이 오는 가운데 나는 등반로 초입으로 기어서 돌아갔다. 다음날 푼차크 · 자자의 높이 1,000미터의 북동벽을 오른 초등반은 나의 손가락을 온통 상처투성이로 만들어버렸다. 치베타 북서벽에 견줄 수 있는 이 수직의 석회암 절벽을 등반하는 데는 7시간이 채 걸리지 않았다.

이 초등반은 등산가적인 흥미가 있을 뿐만 아니라 나에게 는 하나의 중요한 인식을 가져다주었다. 최근 수년 동안에 나온 지도를 보면 표고 5,030 미터의 푼자크 · 자자가 뉴기니 아의 최고봉으로 되어 있으며 파라미드를 그렇게 개칭한 것이라고 생각하지 않을 수 없었다. 그리고 푼자크 · 자자와 카르스텐스 피라미드가 같은 산이라고 여겨져 왔던 것이다. 그러나 내가 이 두 개의 봉우리를 오름으로써 카르스텐스 정상의 등반사에 명쾌한 해답을 제시하게 된 셈이었다.

카르스텐스 산군의 이름은 1623년에 이 섬의 남쪽 해안을 따라서 항해한 네덜란드의 항해사인 장 카르스텐스의 이름을 딴 것인데, 이 항해에서 그는 얼음과 눈이 덮인 봉우리를 멀리서 바라다 본 것이다. 그후 300년이 지나서 장 카르스텐 스가 확인한 이 산은 영국 원정대에 의하여 확인되었던 것 이다.

1936년에는 네덜란드 원정대가 남쪽에서 카르스텐스의 심장부 깊숙이 들어가 이 산군을 철저히 탐험했다. 물론 최고봉인 카르스텐스 피라미드가 당시에 등정된 것은 아니었 다. 그후 25년 동안에 여러 원정대가 도전했으나 번번이 실패로 돌아갔다. 1962년에 하인리히 하러의 지휘하에 소규모의 국제원정대가 이른바 뉴질랜드파스를 경유하여 북쪽에서 카르스텐스 산군의 거대한 카르에 진출할 수 있었다.

그리고 처음으로 북과 남을 잇는 등로를 발견하게 되었다. 이 소규모의 원정대가 네덜란드 사람들이 산군의 최고봉이라고 측정한 피라미드를 멋지게 초등반해냈던 것이다. 인도네시아인은 '카르스텐스의 최고봉'의 초등반을 자기들이 해냈다고 표명했다. 수카르노의 군대가 서부 뉴기니아를 점령하고 당시의 대통령 후원하에 1963년 대규모의 군대에 의한 원정대가 에너로탈리에서 출발하여 4개월 후인 1964년 3월 1일에 '얼음산의 정상', 당시 인도네시아인이 푼차크·수카르노라고 명명한 정상에 도달했다. 이 원정대에는 일본인 등산가도 참가하였던 것이다.

이 푼차크·수카르노는 오늘날에는 '성공의 봉우리'라는 의미의 푼차크·자자의 이름으로 불리우고 있는데 이 봉우리가 북벽의 암봉 중에서 가장 빼어나고 아름다운 모습을 나타내고 있다.

그 북벽은 이욤바 분지로 1,000미터나 수직으로 내리닫고 있다. 나는 이 봉우리의 북벽을 오르고 남쪽으로 하강하여 자신을 갖고 말할 수 있지만 푼차크는 카르스텐스 피라미드와는 다른 산인 것 같다. 아마도 이 산은 이전의 원정대가 여러 번 시도한 느가풀루라는 산인 것 같다. 인도네시아대는 특별히 등반기술상 어려움없이 빙하를 넘고 남서쪽에서 이 산을 올랐던 것이다.

뉴기니아에서 온 다니의 모습

불의 톱

나와 함께 갈 길을 서두르고 있었
던 다니가 한 웅큼 양치류 잎사귀를
언덕 위에 쌓아올렸다.

그는 코에 끼고있는 극락조의 날개
깃 위를 손으로 부지런히 만지작거렸
다. 이윽고 무슨 비결이라도 있는
것처럼 쪼개진 막대기를 어깨에 멘
망태에서 꺼내어 그 널찍한 발바닥
사이로 끼워넣고서 가느다란 대나무
의 섬모(纖毛)를 그 밑에 다시 넣고
양쪽 끄트머리가 올라가도록 번갈아
움직이면서 문질렀다.

이것이 바로 불을 일으키는 도구였
다! 몇 번이고 톱으로 물건을 자르듯
이 동작을 되풀이하면서 입으로 바람
을 불며 나무 삭정이를 다시 주워
모으는 것이었다. 갑자기 푸른 연기가
손에서 솟아올랐다. 조심조심 불을
양치류 잎사귀 아래에 넣어 솟아오르
는 연기 주위로 손바닥을 둥글게
오그리고 입을 가까이 가져가더니
눈을 감고 숨을 죽이며 일단 몰아넣
은 입바람을 불을 향해 살살 불어댔
다. 얼마쯤 지났을때, 불을 지피자
짙은 연기가 서서히 솟아올랐다.

이것이 바로 뒤에 따라 오는 포터
의 대열에게 길을 알려 주는 봉화였
다.

이윽고 우리는 베이스 캠프에 있는 다니들에게로 돌아왔는
데 그들은 우리가 얼음, 바로 느두군두구를 가져오지 않은
것에 대해서 몹시 실망하고 있음을 느낄 수 있었다.

산에서 돌아올 때의 상황은 극적이었다. 세르지오가 병에
걸리고 말았다. 그래서 있는 힘을 다하여 그를 끌다시피
산을 내려왔던 것이다. 부족했던 식량은 끝내 도착하지 않았
다. 뿐더러 남은 식량을 다니들이 모조리 먹어치워 버린 바
람에 우리에게 남은 것이라 수프가 들어있는 자루 네 개뿐
이었다.

하루에 한 자루꼴밖에 남지 않았다. 다니들은 배가 고프다
고 야단이었다. 우리는 가마솥에 던져질까봐 걱정이 이만저
만이 아니었다.

밤이 되어 그들이 모닥불가에 허기진 배를 움켜쥐고 앉아
있을 때 우리는 그들을 달래는 데 갖은 솜씨를 동원해야
했다. 마침내 일라가 마을의 변두리에 도착하였을 때 너무도
배고픈 나머지 우리는 받아 든 첫 날고구마를 그대로 먹어치
웠다.

우리들이 아직 원정 중에 있는 동안 한 미국 선교사가
휴가를 마치고 일라가로 돌아왔다. 그는 우리에게 친절하게
대하여 주었고 세르지오도 원기를 회복하게 되었다. 그리고
이 원주민들이 몇 번이고 그에게 뭘 자꾸만 물어왔다는 것을

선교사가 말해 주었을 때 우리는 박장대소를 터뜨릴 수밖에
없었다.

까닭인 즉 그들은 우리가 느두군두구에서 여자를 찾고
있었던 게 아닌지 알고 싶어했다는 것이다. 그렇지 않고서야
무엇 때문에 온갖 고생을 사서까지 그런 짓을 하겠느냐고
말했던 모양이다.

어디에선가의 봉우리

티베트 사람들은 우리들이 산에 오르게 되면
황금이나 다이아몬드를 찾는다고 믿고 있는 것
이다.

나는 그 산의 이름을 모른다. 그 높이를 정확히 알고 있는
사람은 아무도 없다. 셰르파들은 유럽의 전문가들이 부르고
있는 것과는 다른 이름으로 부르고 있다. 지도는 별로 자세
하게 표시되어 있지 않으므로 이 산의 위치도 이대로 진지하
게 받아들일 수만은 없다.

어느날 마침 샘물터에서 베이스 캠프로 돌아올 때 갑자기
바람이 안개를 한쪽으로 몰아붙였다. 이 순간 아스라이 먼
상공에 봉우리 하나가 완연하게 떠올랐다. 어딘가에 있는
봉우리다…….

정말 나는 오랫동안 이 순간을 기다려왔다. 지금 이 봉우
리를 보는 순간 나는 모든 것을 잊어버렸다.

사진을 찍는 것도, 검토하는 일도, 지도에 기입하는 것도
잊어버렸다. 나는 그저 자리에 서서 마음속에 그 산의 모습
을 받아들이고 있었던 것이다.

그리고 이 산의 모습을 다른 동료들에게 가르쳐주었다.

산이 자태를 다시 감춰버렸을 때 오르겠다는 나의 마음은
정해졌다. 동료 중 세 사람이 동행하겠다고 말했다. 나머지
동료는 베이스 캠프에 남아있거나 혹은 가까운 주변에 있는
5,000미터봉들을 오르는 것이 낫다고 생각했다. 그로부터
서너 시간 뒤에 우리는 5,000미터를 훨씬 넘는 고개를 넘어
흐르지 않는 빙하에 도달하였다.

그리고 많은 암괴, 호수, 크레바스를 누비고 등반로 어귀의
암장에 도달할 수 있는 최선의 루트를 찾았다. 이 암장은
지금 빙하와 짙은 안개의 바다 사이에 가느다란 줄무늬로
보였다. 작전상 중요지점에 군데군데 약간의 돌을 쌓아올리
고 돌아올 때 길을 잘 알아볼 수 있도록 케른을 만들었다.

늦은 오후에 데려온 네 사람의 셰르파는 지쳐버린 모양인
지, 이제 더 이상 오르지 않겠다고 단호히 거부하는 것이었
다. 그래서 나는 능선에 솟아난 암탑 바로 아래에 있는 빙하
의 가장자리에 캠프를 설치하기로 했다. 얼음의 융기 아래에
두 개의 캠프를 치고보니 텐트의 입구와 입구가 마주보게
되었다.

그래서 우리는 텐트 하나에서 기거하는 느낌이 들었다.
아침에 눈을 뜨자 텐트의 지붕이 젖어서 머리 위에 축 처져
있었다. 밤 사이에 눈이 내렸다는 것을 곧 알 수 있었다.
벌써 일어나서 텐트 앞에서 서성거리고 있는 동료에게 말을
건네자, 그는 별 새로운 것이 없다고 저주하듯 뇌까렸다.
습기를 머금은 한기가 텐트에서 그들을 신설이 쌓인 밖으로

내쫓은 모양이다. 다른 원정에서도 경험한 적이 있는 일이라
서 이러한 상황을 나는 잘 알고 있었다.

　그래서 등을 돌리고 얼굴을 텐트의 천장을 향한 채 잠을
청한 것이다. 당분간 오르는 일은 생각할 수 없는 일이었으
므로.

　사방의 벽에서 물방울이 떨어지기 시작했을 때 나는 일어
나서 떠날 채비를 했다. 그리고 동료들이 진절머리가 나서
싫증을 느끼고 있는 것을 알고있기 때문에 나는 아주 작은
배낭을 준비했다.

　캠프지에 약간의 햇빛이 들어왔다. 세 사람의 동료는 추위
에 떨고 잠을 설친 바람에 몹시 피곤해 하였다. 그래서 되도
록이면 빨리 베이스 캠프로 돌아가는 것 외에는 아무것도
바라지 않았다. 5,500미터 높이의 얼음속에서 하룻밤을 지낸
다는 것은 집에서나 호텔에서 지내는 밤하고는 다른 것이
다. 태양은 순식간에 암장에 쌓인 신설을 핥듯이 슬쩍 지나
가버렸다. 그러나 우리 머리 위에는 1,000미터 높이로 눈은
아직도 몇 개의 줄무늬를 이루고 튀어나온 암장에 남아있
었다.

　다른 동료들이 텐트를 철수하기 시작하였을 때 나는 정상
으로 뻗어가는 한 암릉에 올라붙었다. 갈라진 금이나 크랙의

파키스탄 히말라야에서 릿지등반을 하고 있다.

모든 틈 사이에서는 물이 떨어지고 암장에서는 김이 피어오르고 있었다. 한 람폐를 넘어서 능선으로 나온 나는 그곳에 케른 하나를 쌓아 올리고 암탑에서 암탑으로 돌아서 한 시간 남짓 등반을 계속한 후에 잘록한 요부(凹部)에 도달하였다. 숨이 끊어질 것만 같았다.

동료의 모습은 400미터 발 아래에 있는 회색 빙하 가장자리의 텐트 사이에 빨간 표지기처럼 시야에 들어 왔다.

능선은 점점 머리 위로 가팔라지고 더 상부쪽은 안개 속에 파묻혀 있었다. 위로 올라감에 따라 케른과 케른 사이의 거리를 짧게 하면서 올라갔다.

1미터를 오를 때마다 내려올 때의 루트를 찾는 것이 어렵게 되기 때문이기도 하지만, 또 한편으로는 산소가 적어지므로 쉬는 횟수가 점점 빈번해지기 때문에 케른을 쌓아두는 간격이 더 짧아졌다.

적벽이 연달아 나타났다. 바위는 차츰 푸석푸석하고 신설은 녹기 시작하여 물기가 있었다. 여섯, 일곱 개의 낭떠러지를 넘었을 때 거대한 설산의 봉우리가 머리 위의 안개 속에서 갑자기 실루엣처럼 떠올랐다. 이것이 정상이라고 짐작하고 속도를 올려 올라섰으며 그 위에 도달했을 때는 완전히 지쳐버렸다.

틀림없이 어느 쪽을 내려다 보아도 사면이 내닫고 있었다. 그러나 능선은 약 60미터 전방에서 올라왔던 사면보다 더 험상궂게 위로 뻗어가고 있었다. 나는 피켈을 옆에 꽂아

놓고 눈 위에 털썩 주저앉아 안경을 벗었다.

그러나 곧 눈을 감아야할 만큼 빛은 눈부셨다. 한 줌의
눈을 쥐고 꼭꼭 눌러가며 단단한 덩어리를 만들자 곧 녹아서
흘러내렸다. 나는 이 눈덩어리를 멀리 던져 버렸다.

어느덧 정오가 지나갔다.

네 시간 이상이나 오랫동안 쉬지도 않고 계속 올라왔던
것이다. 더 이상 발이 말을 잘 듣지 않았다. 맑은 생각을
할 수 없을 정도로 너무나도 지쳐 있었다.

얼마쯤 지나서 사물을 정연하게 생각할 수 있는 능력이
되살아나자 맞은편의 정상과 나의 키를 비교해 보았다. 나는
의연히 일어섰다. 그리고 확실한 결심을 굳힌 것은 아니지만
아무튼 계속해서 올라갔다. 먼저 젖은 눈이 덮인 설릉을
일단 내려간 다음 설사면을 왼쪽으로 올라갔다. 되도록이면
암장에서 루트를 찾아서 올라갔다. 암장쪽을 오르는 것이
더 수월했기 때문이다. 얼마간 지난 다음에 층이 진 새로운
암장으로 나왔다.

전위봉 두 개를 돌아서 50도 이상의 경사를 이룬 가파른
빙벽 밑에 섰다. 아이젠의 끝은 잘 먹었다. 이따금 건너편
암벽에서 세라크의 일부가 무너져 떠내려가면 나는 발을
멈추고 피켈과 아이스 슈틱헬을 무른 빙벽에 단단히 박아
넣었다. 이렇게 하여 떨어져나간다는 불안을 씻어버릴 수가
있었다.

육중한 눈과 얼음덩어리가 마치 폭포처럼 낭떠러지에서

흘러 떨어지고 암벽의 기부에 거대한 얼음더미가 되어 높이
쌓여 있는 것이 보였다. 나는 작은 세라크의 단층을 왼쪽으
로 돌아서 얼마 있다가 오르막으로 된 능선에 나아갔다.
여기도 역시 눈이 푹푹 빠져 앞으로 전진하는 데 무척이나
애를 먹었다. 한발 한발 있는 힘을 다하여 앞으로 옮겨 갔
다. 무리라고 여겨졌으나 옮겨야만 했다. 발을 옮겨놓을 수
없을 때마다 나는 나의 키와 맞은편 정상과 비교해 보는
것이었다. 앞으로 불과 몇 미터만 더 오르면 되는 것이다.
그런데 곧 땅거미가 다가올 것이다. 그때까지는 불과 다섯
시간 정도밖에 남지 않았다. 그래서 나는 피치를 올리고
더 빨리 서둘러 올라갔다.

이윽고 최고 지점에 도달하여 배낭을 던지듯 바닥에 내려
놓았을 때 나는 이미 시간의 감각도, 공간에 대한 감각도
없어져 버린 것이다.

시계를 보니 2시가 넘었다. 안개가 주변일대를 뒤덮어
난무하고 있었다. 오른쪽 아래를 보니, 능선상에 거대한 빙탑
이 솟아나 있었다. 뾰족한 봉우리처럼 보였다. 순간적으로
내가 지금 올라선 봉우리보다 그 빙탑이 더 높아보였다.
이윽고 안개가 흩어지자 내가 분명히 정상에 서 있다는 것을
알았다. 어딘가의 정상에 서 있었던 것이다……. 다만, 잠시
동안 남쪽 하늘 아래 구름을 뚫고 높이 솟아난 고봉이 보였

예루파야 남동벽에 선 제프 마이어를

다. 안나푸르나임에 틀림없었다.

　생각보다 빨리 하강할 수 있었다. 4시간 후 고소캠프지로
돌아왔는데 캠프지에는 아무도 없었다. 다만 편편한 너럭돌
이 놓여있는 것을 보고 텐트가 쳐있었던 장소임을 알아볼
수 있을 뿐이었다. 흐르지 않는 빙하 위를 비틀거리며 내려
갔다. 마지막 힘을 다하여 고개에 다다르고, 그곳에서 반대쪽
으로 허우적거리며 내려갔다.

　자갈투성이의 너덜지대에서는 번갈아 다리를 높이 치켜
들어야 했는데 몸의 균형이 무너질까봐 몹시 애를 먹었다.
베이스 캠프에 돌아왔을 때는 밤이 되었다. 동료들이 마침
식당용 텐트에 다들 모여 있었다. 그러나 저녁식사는 시작되
지 않았다.

　"위에 올라갔어?"

　"그럼 올랐지."

　"정상에?"

　"그럼."

　"어느 봉우리에?"

　"어딘가의 봉우리야. 오늘 아침에 본 바로 그 산말이야."

　그 이상의 대답을 할 수 없었다.

　얼마 있다가 나는 자신이 올라간 루트, 도중에 잠깐 본
안나푸르나에 대해서 이야기했다. 잠자리에 막 들려고 하는
데 한 동료가 다가와서 이 초등반을 어떻게 공표(公表)할

수 있겠는지 알고싶어 했다. 모두들 자주 잔을 돌려가며
락시술을 마시고 있었다.

산이름도 모르는데 어떻게 공표할 수 있겠느냐는 것이었
다. 그래서 나는 초등반이라 함은 산의 이름과 높이와 정확
한 위치가 알려졌을 때 공인되는 것이라고 말하고 오히려
그를 위로해 주었다.

"그러니까, 아마도 앞으로 10년, 어쩌면 20년을 공식적인
초등반이 이루어질 때까지 기다릴 수밖에 없는 노릇이야."

"그렇다면, 만약에 '초등반자'가 당신이 쌓아올린 케른을
보면 무어라고 말할까?"라고 제3의 사나이가 물었다.

"그거야, 등로를 찾는 데 큰 어려움이 없을 것이며, 만일
그들이 보고서에 내가 쌓아올린 케른을 기록하지 않고 빼어
놓는다면 나는 그 보고서를 읽으면서 심심잖게 싱글싱글
웃고 넘기겠지. 오른 다음에야 케른 따위는 그들에게 별로
중요한 것이 아니겠지. 하지만, 지금 나에게는 그 케른이
정말 소중한 거야!"

히말라야의 마차푸차례 기슭에서
떠날 채비를 하고 있다.

여로

　무릇 방랑자라는 것은 처음부터
어디로 간다는 정처도 없이, 야심도
없이 그저 떠도는 길을 찾아, 언제나
헤매고 있을 뿐이기에 그토록 평온함
과 태연함을 가득 지니고 있는 것이
다.
　이미 나는 오래 전부터 끊임없이
저 산정을 바라고 있었다.

마을에서 멀리 떨어진 외딴 곳에 나무와 돌로 지어
놓은 허술한 집에서 나의 방랑은 평온한 극점을
찾았다. 태양은 주위에 펼쳐있는 목초지에 즐거운
듯이 그 햇살을 뿌리고 있다. 새들이 지저귀는 노랫
소리가 푸르른 고요 속에 들려온다.

　그러나 어두운 밤에 조용히 눈을 뜬 채로 침대에
누워있거나, 혹은 꿈을 꿀 때 모닥불에서 피어오
르는 미미한 불빛이 살며시 나의 두 손을 따뜻하
게 해준다.

　그리고 점점 강렬하게 떠오르는 수많은 생각들이
머나 먼 봉우리를 찾아 헤매며, 내 밤의 넓은 낯선
사람들의 품 속으로 살며시 찾아드는 것이다.

중요 등반 기록

1950년, 자스리가이스 등반.

1951년—1963년, 남티롤 지역에서 쉬운 루트와 중급 정도의 산행을 수백회 행함.

처음에는 가이슬러슈피체 산군에서, 계속해서 돌로미테, 그리고 이어서 빙벽에서 귀중한 경험을 쌓다.

1964년, 처음으로 손수 돌로미테에서 6급 등반을 행한다.

1965년, 오르틀러 북벽 직등루트 초등반(불룩 튀어나온 융기꼴의 빙벽). 그리고 처음으로 서부 알프스로 산행을 나섬.

1966년, 그랑드조라스의 워커 측릉 등반, 로체케타 · 알타 · 디 · 보스코네로 북벽의 제2등.

1967년, 치베타 북서벽 '친구들의 루트' 초등반, 아니에르 북칸테 동계 초등반, 푸르체타 북벽 동계 초등반, 아니에르 북동벽 초등반.

1968년, 아니에르 북벽 동계 초등반, 하일리히크로이츠코펠 중앙 측릉 초등반, 아이거 북측릉 초등반, 마르몰라타 남벽 직등루트 초등반.

1969년, 안데스 원정, 드르와트 북벽 단독 초등반, 치베타의
   필립 디에드르루트의 단독초등반, 마르몰라타 · 디 · 록
   카의 남벽 직등루트 단독초등반, 랑코펠 북벽 직등루
   트의 초등반.

1970년, 낭가파르바트(8,125 m) 루팔 측벽 초등반(남벽에
   해당함).

1971년, 이란, 네팔, 뉴기니아, 파키스탄, 동부 아프리카 원
   정.
   돌로미테 및 카르스텐스 산군에서 새로운 여러 루트를
   개척.

1972년, 마나슬루(8,163 m) 남벽 초등반. 노샤크(7,492 m)
   등반을 위한 힌두쿠시 원정.

1973년, 돌로미테에서 다수의 초등반(펠로 북서벽. 마르몰라
   타 서측릉, 푸르체타 서벽) 낭가파르바트 지역으로
   여행.

1974년, 아콩가구아(6,959 m) 남벽 초등반, 마칼루(8,481 m)
   패퇴.
   단독으로 파키스탄의 훈자 지역을 산행. 아이거 북벽
   을 열 시간에 등정. 마터호른 북벽 등반.

1975년, 히말라야의 로체(8,516 m) 남벽원정. (당시 리카르도
   카신의 지휘하에 로체 남벽을 공략했으나 실패로 끝
   났음)

카라코람의 히든피크(8,068m)북벽을 자일샤프트로 사실상 기술적인 보조수단을 사용하지 않고 등반. (당시 그의 자일 파트너 페터 하벨러와 단 둘이서 알파인 스타일의 등반을 구사함으로써 북서벽을 초등 반. 히말라야 거벽에서의 알파인 스타일 등반의 효시)

1976년, 마운트·매킨리에서 한밤중에 '태양의 벽' 루트 초 등반. 오르틀러 서측릉 초등반, 안나푸르나 산행.

1977년, 다울라기리 남벽 원정.

1978년, 동아프리카원정. 킬리만자로의 브리치월 초등반, 무산소로 에베레스트 (8,848m)등반을 시도. 이에 성공함.

△ 이어서 낭가파르바트의 디아미르 벽을 단독으로 초등 정에 성공.

1979년, K2(8,610m) 등정.

1980년, 에베레스트 북측으로부터 단독초등반에 성공, 이 북측은 1920년대와 1930년대의 영국 원정대의 활약과 비극으로 유명.

1981년, 시샤팡마(8,012m) 5월에 자일 파트너, F·무주레히 너와 함께 최악의 날씨 조건하에 정상에 섬.(제5등) 메스너 일행보다 한발 앞서 다베이 준코 대장(그녀는 1975년 에베레스트를 등정함으로써 여자로서는 첫번째 의 등정자가 됨)이 이끄는 일본 여자등산대가 제4등을 함.

이 시샤팡마는 8,000 미터급 고봉 중 유일하게 중국 영토에 위치하고 있으며 또한 1950년대와 1960년대 전반기의 히말라야 황금의 시대에 유일하게 미답봉으로 남아 있었으나, 1964년 중국등산대가 초등정했으며 이로써 히말라야 황금의 시대는 막을 내린 셈이다.

1982년, 캉첸중가를 F·무주레히너와 함께 알파인 스타일로 북면 루트를 등정(제10등). 가셔브룸Ⅱ(8,035m). 파키스탄 출신의 등산가와 함께 남서릉으로 등정(제8등). 브로드피크(8,047m). 이어 8월에 가셔브룸Ⅱ를 함께 오른 파키스탄 출신의 등산가와 같이 정상 루트로 등정(제6등).

1983년, 초오유(8,201m). 겨울에 남동벽을 시도했으나 눈 상태의 악화로 패퇴, 다음해 봄에 H·캄마란더, M 다흐와 함께 남서면으로 등정(제4등).

1984년, 가셔브룸Ⅱ에서 가셔브룸Ⅰ, 즉 히든피크(8,068m)로 그의 자일 파트너 캄마란더와 함께 종주등반을 했으며 하강 중에 새로운 루트를 개척함.

1985년, 안나푸르나(8,091m).

초오유, 가셔브룸 Ⅰ, Ⅱ 등을 함께 오른 바 있는 H·캄마란더와 같이 미등의 북서벽을 초등반함.(제12등).

4월에 안나푸르나를 오르고, 이어서 5월에 역시 캄마

란더와 함께 다울라기리(8,167m)의 북동릉을 경유하
여 정상에 오름(제20등).

1986년, 마칼루(8,481m), 연초에 메스너도 동계등반을 시도
했으나 패퇴, 가을에 재도전, H·캄마란더, F·무주레
히너와 함께 9월에 프랑스 루트를 따라 정상에 오름
(제17등).

이어서 10월 16일 역시 남티롤 출신인 그의 자일파트
너 캄마란더와 함께 로체(8,516m)의 등정에 성공함
(제8등).

따라서 히말라야 8,000미터급의 14봉을 모두 등정함.

(△표 이하는 역자가 라인홀트 메스너의 1987년 판
「Überlebt-Alle 14 Achttausender=살아 남다. 8,000미터 14
봉을 모두 오르고」에서 추가 발췌한 것임. 「모험으로의 출
발」을 저술한 당시는 8,000미터급 봉우리를 3개 등정하였
음.)

산명, 인명, 용어 해설

(▲ 표시는 역자주)

〈ㄱ〉

가이드매듭 (Sackstich 또는 Führerknoten)

안자일렌이나 자기확보시에 활용. 이중자일 사용시에는 슬링
으로 연결.

가이슬러슈피체 또는 가이슬러슈피첸 (Pl.) (Geislerspitzen)

이탈리아명은 레 · 오들레. 이탈리아 돌로미테의 빌네스 계곡
과 그레드너 계곡 사이에 있는 침봉의 연산. 최고높이는
자스리가이스(3,027 m)와 푸르체타.

겔렌더자일 (Geländerseil)

암장의 어려운 장소에 후등자를 위하여 오르기 쉽도록 자일
을 설치함. 특히 트래버스 코스에 고정설치한 자일. 본문에서
는 암장에 고정설치한 자일로 표현했음.

고도계 (Hohenmesser)

공기압력이 줄어듦에 따라 높이를 측정하는 일종의 기압계.

귄터 메스너 (Messner Günther, 1946~1970)

남티롤 빌네스 출신의 은행원. 낭가파르바트의 루팔 벽에서

디아미르 벽으로의 초횡단, 하일리히크로이츠코펠의 중앙측
릉 초등반, 로체타 · 알타 · 디 · 보스코네로의 북벽 제2등,
몬테아니에르 북동벽 초등반, 하일리히크로이츠코펠의 리바
노스 측릉 등정. 서부알프스와 돌로미테에서 수많은 대등반
을 하여 20개 이상의 초등반을 이룩함. 1970년 낭가파르바트
를 횡단하고 디아미르 측벽에서 얼음사태로 매몰되어 사망.

그슈마겐하르트 (Gschmagenhart)
가이슬러슈피첸 산군의 북측 낭떠러지 아래에 펼쳐져있는
고원목장. 라인홀트 메스너의 고향 집 바로 앞에 펼쳐져
있음.

글레처호른 (Gletscherhorn)
스위스의 베르너오버란트에 있는 높이 3,983미터의 산. 북벽
직등루트의 초등반은 1945년 야운(Jaun), 라이스(Reiβ)와
에터(Etter)에 의하여 이루어졌음.

〈ㄴ〉

난이도 (Schwierigkeitsgrade)
유럽 알프스의 암장의 난이도는 여섯 개의 단계로 구분되고
있다.
1급─쉽고 어렵지 않다. 숙달된 클라이머라면 양손을 사용하
지 않고도 오를 수 있는 암장.
2급─조금 어렵다. 양손은 단지 몸의 밸런스를 유지하기
위하여 사용될 뿐만 아니라, 이미 바위타기가 시작되는 암

장. 따라서 대부분의 경우 자일을 이용하게 된다. 자기확보를 시작하는 암장.

3급―어렵다. 이 암장에서는 어느 수준의 확실한 기술과 경험이 요구되며 완벽한 자일조작이 필요함.

4급―매우 어렵다. 각기의 능력에 따라서 특히 확보를 위한 보조수단으로서 하켄, 카라비너가 필요하다.

5급―아주 어렵다. 유능한 클라이머만이 오를 수 있는 암장. 확보를 위해서 보조수단인 하켄, 카라비너가 사용됨.

6급―극도로 어렵다. 세련된 등반기술과 풍부한 경험을 가진 톱클래스의 최우수 첨예 클라이머라면 인간능력의 한계에서 등반할 수 있는 암장. 일부에서 다량의 인공적 보조수단이 사용되고 있는데, 이는 6급과 아무런 관계도 없는 일이다. 인공등반(하켄기술)의 난이도 평가는 'A'자에 아라비아 숫자 '1'에서 '4'까지를 붙이고 익스팬션 볼트를 보조수단으로 쓸 때는 'e'를 붙인다. 예컨대 'A e' 등으로 표기한다.

낭가파르바트 (Nanga Parbat)

서부 히말라야의 파키스탄에 있는 높이 8,125미터의 거봉. 지상에서 아홉번째로 높은 산. 여러 번 시도되었으나 그때마다 극적인 패배가 거듭되었음. 그러나 1953년에 헤르만 불의 단독등반에 의하여 초등정되었음. 루팔 벽의 초등반은 1970년에 라인홀트와 귄터 메스너 형제에 의하여 이룩되었음. 디아미르 벽은 1978년 라인홀트 메스너가 단독으로 초등반하였음.

눈사태 (Lawinen)

갖가지 형태의 거대한 힘으로 눈이나 얼음덩어리가 비탈진 계곡으로 급속히 미끄러져 내리는 현상.

눈처마 (Wächte)

산등성이 또는 벼랑 끝에 풍설로 말미암아 처마처럼 눈이 쌓여있는 곳.

느슨한 겔렌데 (Schrofen)

대개의 경우 풀이 나있으면서도 부스러지기 쉬운, 별로 가파르지 않은 암장. 장소에 따라서는 손을 쓰지 않고 오를 수 있는 암장. Gelände와 Schrofen을 구분하여 사용하고 있음. 절벽으로 착각하기 쉬운데 가파른 절벽 또는 낭떠러지의 경우는 Schroffen으로 표현하고 있음. 그러므로 Schrofen과 Schroffen은 구별되어야 함.

〈ㄷ〉

데마벤드 (Demavend)

이란의 최고봉, 5,670 미터. 엘브루스 산군에 있는 사화산. 1837년 태이로 톰슨 경에 의하여 초등정되었다.

돌출부 또는 돌기부 (Sporn)

그렇게 현저하게 튀어나온 것은 아니나 정상에서 멀지 않은 지점에 있는 릿지형 암벽의 지맥부분. ▲ 원어는 산록, 또는 아이젠의 뾰족한 징을 뜻하는 경우도 있음.

등반로 초입 또는 등반로 어귀 (Einstieg)

암벽 루트가 시작되는 암벽 기부에 해당하는 지점을 말함.

등반용 해머 (Kletterhammer)

암벽용 하켄을 암벽에 박을 때 쓰는 망치.

등반화 (Kletterpatschen)

펠트나 기타 소재를 신바닥으로 한 연식등반화 (軟式登攀靴), 신바닥을 강조해서 Kletterpatschen이라고 하지만 대개 Kletterschuhe로 통용하고 있음. 오늘날에는 대부분 신바닥이 비브람형으로 된 경식등산화 (硬式登山靴)와 구분하고 있음. 물론 연식등반화는 암벽등반에 사용됨.

디레티시마 (Direttissima)

등반초입 지점에서 가장 짧은 경사선을 따라서 정상으로 오르는 직등루트.

디루피디라르세크 (Larsec, Dirupi di)

이탈리아 돌로미테의 로젠가르텐 산군에 있는 높이 2,788미터의 산.

슈피츠·로에·디·시암파디 남벽의 오버행 루트는 피터 슈베르트와 클라우스 베르너에 의하여 초등반됨.

디에드르 (Verschneidung 영·불 : diedre)

이면각(二面角)의 암벽측면을 이루고, 길다랗게 오목 들어간 곳. 책을 90도각으로 폈을 때의 모양으로 생긴 암장의 한 곳. 미국산악회에서는 'V'로 표시하고 있음.

〈ㄹ〉

라그니 산악회 (Ragni)

일명 슈핀넨이라고도 함. 이탈리아의 레코 출신들이 모여있는 첨예 클라이머의 산악회이며 유명한 등산가로 구성되어 있음. 리카르도 카신도 이 레코의 라그니 멤버임.

람페 (Rampe)

비탈진 경사로 또는 가파른 사면. 넓이가 좁고 제한된 사면이나 높아갈수록 슬랩의 밴드꼴로 됨.

러셀 (Russel)

적설기 등반이나 눈이 많을 때 눈을 다지며 길을 만들어 가는 것. 1886년 미국 러셀 회사에서 만든 제설차(除雪車)의 이름에서 유래함.

레나토 레알리 (Reali Renato, 1948~1968)

메란 출신의 자동차 전기공. 치마스코토니 남동벽 제3등, 로트반트의 마에스트리 루트의 단독 제3등, 치모네·옐라·팔라의 남서벽 초등반, 마르몰라타 남서벽 솔다 루트, 치베타 북서벽 디레티시마의 '친구의 루트' 초등반, 그랑카푸셍 동벽을 단독등반 중 추락사.

레쿠르트 (Les Courtes)

몽블랑 산군 (프랑스), 3,856미터. 북벽의 초등반은 1939년 종키에(Jonquiere), 메이롤(Maillol), 빌라랑(Villarem), 프랑드(Frende), 투르니에(Tournier)에 의해서 이루어졌음.

루트 (Route)

Route의 원래 뜻은 길, 또는 노선을 말하는데 등로, 혹은 등반로라고 말할 수 있겠다. ▲그러나 (암벽등반의 경우) 원형 그대로 우리나라에서는 루트라고 사용하고 있음. 독일어에서는 Route와 같은 의미로 Führe, Anstieg, Anstiegsroute, Wegführung 등으로도 표현하고 있음.

룬제 (Runse)

바위산의 사면에 도랑처럼 깊이 길게 패여있는 곳.

리스 (Riß)

아주 미세한 바위의 틈새기. 수평으로 갈라진 틈새기를 흔히 말하기도 함. 양손이나 다리를 끼어서 겨우 걸 수 있을 정도의 틈.

▲틈새가 좀 큰 쪽을 크랙이라고 사용하는 경향이 있는데, 이는 균열에 대한 일본식 사용습관이라고 생각된다. Riß는 독어, crack은 영어일 뿐, 같은 범주로 사용되고 있다. 그러나 영미계의 클라이머들도 그들의 저서에 리스와 크랙을 겸용하는 경우를 자주 볼 수 있다.

리펠피른 (Riffelfirn)

바람이나 태양의 햇빛 영향으로 톱니 모양의 홈이 패여있는 만년설의 지대.

린네 (Rinne)

비교적 경사가 느슨한 암벽의 고랑. 경우에 따라서는 험준한 암벽의 고랑, 즉 안구(岩溝)일 때도 사용함. 이처럼 경사가 급한 경우는 룬제(Runse)라고 표현하고 있는데, Rinne와

Runse는 동의어처럼 사용되는 경향이 있음. 프랑스계에서
꿀르와르(Couloir) 영미계에서는 걸리(Gully)를 사용하고
있음.

립페 (Rippe)

암벽에서 늑골 모양으로 불룩하고 길게 또는 가로질러 튀어
나온 부분.

〈ㅁ〉

마르몰라타 (Marmolata)

이탈리아 돌로미테에서 가장 높은 산군. 최고봉은 3,309미터
의 마르몰라타·디·페니아. 이상의 루트인 '비아이데알레'
는 마르몰라타돔브레타 (3,247 m)의 남벽에 있는 루트로서
1964년, A. 아스테와 F.졸리나에 의해서 초등반됨.

마르크라이터 (Margreiter, Dr. Raimund, 1942~)

인스브루크의 외과의사. 1969년 티롤 안데스 원정대의 의사
로 참가. 제1회 히말라야 카누 원정대를 지휘하고, 마운트
케냐에 구조원정을 함. 푸르체타 북벽, 로트반트 남서벽,
쉬셀카르 남동벽의 불 루트를 등정함.

마운트 케냐 (Kenya Mount)

동아프리카에 있는 사화산, 5,195미터. 두 개로 이루어진
주봉은 마사이족의 추장 이름을 따서 네리온, 바티안이라고
부르고 있다. 1899년, 핼포드 맥킨더(Halford Mackinder)경이
세자르 올리에(Cesar Ollier)와 요셉 브로케럴(Joseph Bro-

cherel) 과 함께 초등정함.

모레인 (Moräne)

빙하에 의하여 운반된 바위, 돌 등이 퇴적하여 남은 것. 빙하
퇴석(영 : moraine)

목제 쐐기 (Holzkeile)

나무로 만든 쐐기로서 하켄을 쓸 수 없는 폭이 큰 크랙에
박아 끼는 하켄의 대용품. 이 쐐기의 머리부분에 구멍이
뚫려있어 보조자일 또는 슬링을 통과시키고 카라비너를 걸게
되어있다. 또 쐐기가 크랙에 꽉 끼어 들어가는 경우 보조자
일을 유도하기 위한 홈이 머리부분에 파여 있다. 오늘날에는
여러 가지 형태의 프로필하켄이나 너트 등으로 대치되고
있음.

몬테·아니에르 (Agner, Monte)

돌로미테(이탈리아)팔라 산군에 있다. 2,872미터. 북 칸테
(북릉)는 1932년 길베르티(Gilberti)와 소라비토(Soravito)
에 의해서 초등정됨. 동계 초등정은 제프 마이어를, 하인리히
메스너, 라인홀트 메스너에 의해 이루어짐(1967년). 또 북동
벽은 1966년에 하이니 홀처, 귄터 메스너, 라인홀트 메스너에
의해서 초등정됨.

몬테 펠모(Pelmo, Monte)

이탈리아 돌로미테의 펠모 산군에 있는 높이 3,168미터의
산.

〈ㅂ〉

밴드 (Band)

다소 폭을 이루고 암벽에 단이 져서 비스듬히 혹은 가로
질러 튀어나온 부분.

버트레스 (Pfeiler, 영 : buttress)

버팀벽처럼 가파르게 암벽에 튀어나온 기둥 같은 돌출부.

베이스 캠프 (Basislager)

원정대를 위한 등산기지 또는 등산 출발거점.

보조자일 (Reepschnur)

밧줄끈이라는 뜻으로 나일론으로 만든 지름 2~8밀리미터
정도의 보조용으로 쓰는 자일. 지름 5밀리미터 정도의 것은
현수하강의 압자일렌슬링, 발디딤슬링 등으로 이용되며, 등반
허리띠의 대용으로 사용됨.

비박 (Biwak)

야외에서 밤을 새움. 특히 산에서의 노숙을 말함 (영 : biv-
ouac). 한둔.

비박색 (Biwaksack)

몸이 들어갈 수 있을 정도의 페를론, 즉 나일론제의 자루.
이 안에 한 사람 혹은 두 사람이 들어가서 추위나 비를 피할
수 있음. 경우에 따라서는 머리부터 뒤집어쓰고 비박을 함.

비박용 움막 (Biwakschachtel)

함석이나 합성수지판을 꺾쇠 등으로 고정시켜 산에 만들어
놓은 소형 대피용 움막. 일종의 bivouac box로서 긴급 피난용

으로 이용됨.

비박장비 (Biwakausrüstung)

비박색, 구급용 모포. 몸에 걸치는 덧옷 같은 것. 우모자켓, 우모화, 바꿔입을 수 있는 양말과 속옷, 코펠과 남비, 연료, 성냥, 손전등, 절연용의 신문지 조각 등, 경우에 따라서 비박 첼트를 휴대(영 : bivouac gear).

빙벽 (Eiswand)

대단히 가파르며 빙결상태를 이루고 있는 얼음의 사면.

빙하 (Gletscher)

고산에서 끊임없이 얼어붙은 얼음의 강

빙하탁 (Gletschertisch)

빙하탁(氷河卓)은 빙하표면의 바윗돌에 가려져 녹지 않은 부분이 탁자 모양으로 남아있는 부분. 빙탁이라고도 함.

〈ㅅ〉

▲사이브 (Sahib)

인도, 이란 등 유사지역에서의 유럽인에 대한 경칭.

산악구조대 (Bergwacht)

특수 교육을 받은 등산가들이 자발적으로 지원하여 조직한 알프스산악의 구조대원. 알프스산악의 자연보호의 일도 겸하고 있음.(영 : mountain rescue service)

샤르테 (Scharte)

산등성이에서의 잘록한 협곡. 그 형태는 두 개의 산 사이에

접근하기 어렵게 절개한 꼴로 균열된 잘록한 협곡 모양의
오버행 모양으로 되어있다.

석회암 (Kalk)

유기물의 잔여인 탄산석회 또는 산호암초가 지표 겉으로
나와서 굳어지고 퇴적된 암괴. 마그네슘 함량의 증가시에
석회암은 백운암으로 됨.

설빙 또는 만년설 (Firn)

설선 이상의 곳에 있는 눈이 녹아서 다시 얼음입자로 된
설빙지대. ▲일반적으로 만년설로 통용되고 있으나 설빙에
가까운 상태. 따라서 시기와 기후에 따라 모양이 변한다.

세라크 (Serac)

다소 큰 빙탑, 수직의 빙벽.

슈타이크슐링에 (Steigschlinge)

보통 슬링이라고 부르고 있으며, 하켄 등에 걸어서 발디딤으
로 대용한다. 기타 현수하강시의 확보점, 자기확보, 프루직
등에 사용함.

슈타이크아이젠 (Steigeisen)

열 개 내지 열두 개의 뾰족한 톱니로 된 빙벽용 장비로서
등산화 밑에 조여 신고 뾰족한 포인트를 이용함으로써 빙벽
등반이 가능함. 또한 설빙에서의 미끄럼을 방지함. 약칭 아이
젠이라고 부르고 있음.

스코이아톨리 (Scoiattoli)

다람쥐라는 별명을 가지고 있는데, 이탈리아의 코르티나담페

조에 있는 유명한 등산가의 모임인 산악회.

스탠드 (Standplatz)

한 피치 내에서 찾을 수 있어야 하는 확보자가 발을 딛고 설 수 있는 자리로서 필수적으로 확실한 자기확보를 하여야 함.

▲확보동작은 할 수 없으나 발을 딛고 몸의 밸런스를 잡을 수 있는 발디딤. 즉 foot hold 또는 스탠스(stance)와 혼용되는 경우도 있음.

〈ㅇ〉

아르만도 아스테 (Aste Armando, 1930~)

로베레토 출신의 노동자. 마르몰라타돔브레타의 '비아 이데알레' 초등정자. 또 마르몰라타의 록카의 비아델레칸네도르가노 (파이프오르간 루트) 초등반, 푼타치베타 북서벽 초등반, 토레·트리에스테남벽 (카르레소 루트)의 동계 초등반, 서쪽 친네의 프랑스인 루트의 단독초등반.

아이거 (Eiger)

높이 3,970미터. 스위스의 베르너오버란트에 있는 산. 북벽의 초등반은 1938년 안데를 헤크마이어, 루드비히 푀르크, 하인리히 하러와 프리츠 카스파레크에 의하여 이루어졌음.

아이스 슈틱헬 (Eisstichel)

한 손으로 삽을 수 있을 정도의 손잡이고리와 자리의 단에 뾰족한 창끝 같은 단검이 달려있는데 이것을 험준한 빙벽에

찍고 그대로 홀드로 이용한다. 그리고 다른 한 손을 자유롭게 활용하면서 몸의 균형을 유지하는 데 사용하는 빙벽용 등반장비의 일종. 아이스 바일 또는 피켈과 프론트 포인트와 함께 교호적으로 활용할 때 빙벽등반의 능률을 높일 수가 있다.

아이스 스크류 또는 아이스 슈라우벤 (Eis-Schrauben)

아이스 하켄의 일종. 원통 파이프 또는 그 끝이 슬릿트(Slit)식으로 되어있는 동형(筒形)에 나사가 새겨져있어 아이스 바일 등으로 빙벽에 돌려 넣는다.

아우스아페룽 (Ausaperung)

눈치우기 또는 눈이 녹는 현상. 이른 봄이나 여름에 눈이 녹아가는 과정이나 현상.

▲알피니스무스(Alpinismus)

영어의 alpinism의 뜻. 여기서는 토니 히벨러가 발행하던 산악지. 그후 라인홀트 메스너가 인수함.

암릉 (Grat)

날카롭고 뾰족한 바위너설이 현저하게 이어지는 산등성이(영 : ridge). 경우에 따라서는 산릉으로 옮길 수 있으나 암릉 쪽이 강함. 그러나 산릉의 형세에 따라 빙릉 (Eisgrat) 설빙릉 (Firngrat) 설릉 (Schneegrat)으로 표현함.

암탑 (Turm)

독립해서 우뚝 솟아있는 여러 가지 크기의 암봉.

어깨 (Schulter)

암릉, 립페, 칸테 혹은 버트레스에서 다소 수평 방향으로
단이 진 대지.

Grat-Schulter, Wand-Schulter, Gipfel-Schulter 등의 표현도
자주 사용되고 있음

어깨타기 (Steigbaum)

손발을 뻗어도 닿을 수 없는 높은 지점에 있는 확보점을
잡기 위하여 선등자가 후등자의 무릎을 먼저 밟아 선 다음
조심스럽게 어깨 위로 올라 타는 것. 또는 인간사다리.

어깨확보 (Schultersicherung)

일찍부터 흔히 사용된 확보법의 일종. 파트너와 연결된 자일
을 한쪽 팔 겨드랑이 아래로부터 등 뒤로 해서 다른 쪽 팔의
어깨 위로 감아돌려서 양손으로 잡고 발로 버티며 확보하는
기술을 말함.

확보란 암벽, 빙설상의 등강중(登降中)에 자일을 연결한
파트너가 슬립했을 때 자일의 조작으로 추락을 방지하는
일련의 동작을 말한다. 추락시에 쇼크로 자일 자체가 늘어남
으로 완전한 정적확보는 없다고 보지만, 통례적으로 정적확
보와 동적확보로 나눈다. 동적 확보는 다시 탄성확보와 제동
확보로 나눈다. 탄성확보(彈性確保)는 추락시의 쇼크를 인체
나 자일의 늘어남에 의하여 흡수하는 방법이며 제동확보
(制動確保)는 자일과 바위와 카라비너 등의 마찰 또는 인체
의 마찰에 의하여 낙하에너지를 열에너지로 전환하는 확보법
이다. 일명 다이나믹 빌레이(dynamic belay)라고도 하는데,

추락시 확보자가 순간적으로 자일을 꽉 쥐지 않고 흘려보내면서 자일에 대한 제동을 서서히 거는 확보법이다. 확보에는 전술한 어깨확보 외에 허리확보, 무릎확보, 클립확보 등이 있다. (영어 : belay, 독어 : Sicherung, 프랑스어 : assurance)

에곤 부름 (Wurm Egon, 1945~　)
인스브루크 출신의 사진사. 예루파야 남동측릉 초등반, 마르몰라타 남측릉. 치아바체스 남벽, 솔다 디에드르 루트, 서부 친네북벽의 카신 루트, 로트반트 남서벽, 아이젠슈텍헨 등 정함.

에밀리오 코미치 (Comici Emilio, 1901~1940)
이탈리아의 트리에스트 출신, 산악가이드. 그로세친네의 북벽을 단독 초등반, 클라이네친네의 황색 칸테 초등반, 치베타 북서벽의 디아고나레 루트 초등반, 소렐라·디·메조의 북서벽 초등반, 살라메(캄파니레코미치, 랑코펠 산괴) 북벽 초등반함.

에밀 졸레더 (Solleder Emil, 1899~1931)
뮌헨 출신의 산악가이드. 당대에 가장 우수했던 클라이머 중의 한 사람. 푸르체타 북벽 초등반. 치베타 북서벽 초등반. 사스·모아르 동벽 초등반.

에프네플루 (Ebnefluh)
높이 3,960 미터. 스위스의 베르너 오버란트에 있는 산. 북벽은 1937년 페터 아쉔브레너와 바스틀 마리너에 의해서 초등정되었다.

예루파야 (Yerupaja)

페루쪽의 안데스 산맥의 코르딜레라 · 와이와슈 산군에 있는 높이 6,634미터의 산. 동벽 직등루트의 초등반은 페터 하벨러와 라인홀트 메스너가 이룩하였음. 남동측릉의 초등반은 같은 해에 제프 마이어를과 에곤 부름이 이룩하였음.

예루파야치코 (Yerupaja Chico)

페루 안데스 산맥의 코르딜레라 · 와이와슈 산군에 있는 6,121미터 높이의 산. 남서면의 초등반은 1969년 페터 하벨러와 라인홀트 메스너에 의하여 이룩되었음.

오버행 (Überhang 영 : overhang)

암벽의 일부가 특히 수평방향으로 튀어나와 머리 위를 덮고 있는 바위의 돌출부. 따라서 경사도는 90도 이상이 됨.

오토 비드만 (Wiedman Otto, 1935~)

인스브루크출신, 회계사. 이전에는 한때 스키선수, 저술가. 아이거북벽, 마르몰라 · 디 · 록카 남벽 동계 초등반, 쉬셀카르 슈피체 단독 초등반, 푸르체타 북벽, 치베타 북서벽, 1969년 티롤 · 안데스 원정대 대장으로 예루파야를 원정한 바 있음.

요흐 (Joch)

일반적으로 수월하게 그리고 쾌적하게 넘어설 수 있는 산등성이의 고개.

워커측릉 (Walkerpfeiler)

프랑스의 몽블랑 산군에 있는 그랑드조라스(4,208미터)의 북측릉. 초등반은 1939년 R. 카신, G. 에스포지토 및 U. 티조니에 의하여 이룩되었음. 아이거 북벽, 마터호른 북벽과 아울러 알프스 최대 북벽의 하나.

원생암 (Urstein)
지각에 시생대(始生代)의 지질로 형성된 변성암에 대한 종래의 호칭.

익스팬션 볼트 (Bohrhaken 또는 Expansionshaken)
인공등반용구의 하나로서 하켄과 같은 역할을 함. 예컨대 점핑세트 등으로 암벽에 구멍을 뚫고 때려박는 소형 볼트. (영 : expansion piton)

〈ㅈ〉

자기확보 (Selbstsicherung 영 : self belay)
자신을 위한 확보. 확보자가 확보에 실패했을 때 추락자에 딸려가지 않도록 함. 암각이나 하켄을 박아서 자일을 가이드 매듭 슬링으로 자신을 연결하여 확보함. 원칙적으로 스탠스 지점에서 적어도 두 개의 고정지점을 이용해야 함.

자스리가이스 (Sass Rigais)
이탈리아 돌로미테의 가이슬러 산군에 있는 높이 3,027미터의 산. 북벽의 초등정은 1901년 V. 볼프, V. 글란벨과 G. V. 자르에 의하여 이룩되었음.

자일 (Seil)
등산용 밧줄. 예전에는 삼, 대마로 만들었음. 지금은 나일론

같은 화학섬유로 만듦. 등산의 기본장비이며 가장 보편적인
것은 지름 12밀리미터에 길이 46미터. 보통 두 사람이 자일
을 연결함으로써 자일샤프트 (Seilschaft＝자일을 연결한 등반
팀)를 이룬다. 한 사람이 등반할 때 또 한 사람은 확보를
한다. 하켄과 카라비너와 함께 연결, 자일의 조작으로 추락을
방지하는 데 이용됨. 또한 하강할 수 없는 암벽에서 현수하
강시에 활용됨.

장다름 또는 전위봉 (Gendarm)

주봉 가까이 고립해서 서있는 침봉, 혹은 암탑. 프랑스어
gendarme에서 유래한 말로서 원뜻은 헌병 또는 선발된 근위
기병을 뜻하는데 주봉을 지켜주듯이 주봉 옆에 솟아있는
암봉을 의미함. ▲북한산의 경우. 백운대에 대해서 인수봉을
장다름이라고 부를 수 있음.

정상 (Gipfel)

산의 가장 높은 정점. 즉 산꼭대기. Gipfel은 영어의 summit
에 해당한다.

정상방문록 (Gipfelbuch)

정상에 상비되어 있는 방문록. 여기에 등산객 또는 등산가의
이름, 등반루트, 하강루트를 기입한다. 조난시 구조용으로
활용함.

제프 마이어를 (Mayerl Sepp, 1937~)

오스트리아 리엔즈의 델가츠 출신 교회탑의 수리공. 히말라
야의 로체—샤르, 안데스의 예루파야 남동측릉, 푼타치베타의

귄터 메스너 기념 루트 초등반. 푼타티시의 필립플람디에드르 루트, 치베타에서 친구의 루트를 초등함.

죽은 빙하 (Toter Gletscher)

돌부스러기가 잔뜩 뒤덮여 있는 빙하부분, 흐르지 않고 고여서 얼어붙어 있는 빙하. 즉 흐르지 않는 빙하.

줄사다리 (Stickleiter, 영 : rope ladder)

피피(Fiffi)라고도 부른다. 인공등반용구의 하나로서 밧줄 또는 슬링으로 만든 사다리.

피피는 원래 줄사다리의 줄상단에 부착해 놓은 경금속제의 고리이며 카라비너 대신 이것을 하켄에 걸면 줄사다리의 회수가 편리한 용구인데, 이것을 상술한 바와 같이 줄사다리 전체를 가리켜 피피라고도 호칭함.

중간확보 (Zwischensicherung)

불의의 추락시 추락 거리의 단축을 대비해서 한 피치 내에서의 중간쯤 되는 지점에서 확보하는 것.

지노 솔다 (Solda Gino)

피코레 돌로미테 출신의 스키교사이자 산악가이드. 마르몰라타·디·페니아 남서벽 초등반. 랑코펠 북벽 초등반. 피츠 치아바체스 남디에드르 루트 초등반.

즈다르스키색 (Zdarski Sack)

엷은 나일론 섬유로 된 꺾어 접을 수 있는 첼트색. 크고 가벼운 간이천막의 일종. 크기에 따라 두세 사람이 들어갈 수 있음.

지붕꼴의 암벽 (Plattenschuβ)

지붕꼴의 매끈매끈한 암벽 부분. 통례적으로 지붕기와층의 꼴로된 암벽부분.

〈ㅊ〉

측벽 또는 측면 (Flanke)

40～90도의 경사를 이루면서 그 폭이 아주 넓은 산의 급경사의 사면.

치마스코토니 (Cima Scotoni)

돌로미테(이탈리아)의 파니스슈피체의 서부에 있는 2,876 미터의 산. 남서벽의 초등정은 1952년 라체델리(Lacedelli), 게디나(Ghedina), 로렌츠(Lorenzi) 등 이탈리아 클라이머에 의해 이루어짐.

치베타 (Civetta)

돌로미테(이탈리아)에서 제일 높고 가장 웅장한 산괴의 하나. 최고지점은 3,218미터. 치베타 북서벽의 초등반은 에밀 졸레더와 구스틀 레텐바우어에 의해 이루어짐.

침니 또는 카민 (독 : Kamin, 영 : chimney)

굴뚝 모양으로 세 방향이 바위로 둘러싸이고 한 쪽은 트인 험준하고 좁은 단층. 겨우 몸이 들어갈 정도의 틈사이, 폭이 넓은 것이라도 바깥 혹은 제일 안으로 들어간 곳에서 좌우의 벽에 양다리를 크게 벌리고 손발을 양벽에 뻗어 버티며 올라 갈 수 있다.

〈ㅋ〉

카라비너 (Karabiner)

하켄이나 슬링에 자일 또는 기타 등반 보조용구를 걸거나 잡아맬 때 중개하는 경금속제의 링.

카르 (Kar)

빙식산지에서 볼 수 있는 분지형의 계곡. 석회암 산괴에서는 암벽의 기부에 많은 돌부스러기가 흩어져 있는 장소를 카르라고 부른다. 원생암석(原生岩石)의 산에서는 너덜이나 또는 암괴가 있는 사면을 말한다.

카르스텐스 피라미드 (Carstenz—Pyramide)

카르스텐스 산군(인도네시아령 뉴기니아)의 최고봉. 5,030미터, 초등정은 1962년 하인리히 하러 (Heinrich Harrer)와 그 일행에 의해 이루어짐. 동암릉으로부터의 초등반은 1971년 라인홀트 메스너와 세르지오 비가렐라에 의해서 이루어짐.

칸첼 (Kanzel)

교회의 설교단이나 돌출한 창문 모양으로 암벽에 튀어나온 장소.

칸테 (Kante)

매우 가파르게 비탈진 산의 암릉 또는 모서리 각.

크리히반트 (Kriechband)

다소 폭을 이루고 암벽에 단이 져서 비스듬히 혹은 가로질러 튀어나온 부분에 해당하는 밴드의 한 형태임에는 틀림없으

나, 튀어나온 부분이 둥근 천장 모양으로 되어있어 몸을
세울 수 없으며 기듯이 손발로 몸을 추스려야 하는 고약한
밴드. 독일계에서는 Kriechband를 즐겨 사용하고 있음. 영어
로는 creepband.

클렘블록 (Klemmblock) 또는 촉스톤

린네, 또는 침니의 양벽이나 암벽에서의 잘록한 협벽(峽壁)
등에 끼어있는 돌.

〈ㅌ〉

토니 히벨러 (Hiebeler Toni, 1930~1984)

포랄베르크의 슈바트자흐에서 태어남. 독일국적. 편집자,
저술가. 워커측릉의 제11등, 그로세친네 북벽직등외 제8등,
아이거 북벽 동계 초등반, 치베타 북서벽 졸레더 루트 동계
초등반, 파미르의 레닌봉 동벽의 초등반. 유럽 이외의 지역으
로의 원정으로서는 1966년과 1968년의 코카서스, 1969년의
파미르, 1970년의 북미, 1971년의 네팔 히말라야. 알프스에서
사고사.

트래버스 (Quergang, 영 : traverse)

암벽이나 바위에서의 횡단지점. 이 지점을 가로질러 나감으
로써 루트의 전진을 극복해 나갈수 있음.

틈새기 (Spalt)

팔 다리를 끼울 수 있을 정도의 갈라진 틈바귀. 상황에 따라
서는 크레바스를 지칭하는 경우도 있음.

〈ㅍ〉

파이틀러코펠 (Peitlerkofel)

높이 2,874미터. 이탈리아명은 사스·디·푸티아, 가이슬러 산군에 위치함. 북벽의 초등반은 1919년 J. 흐루슈카, E. 에어슈바우머와 그 일행이 이룩했음. 1968년 라인홀트, 귄터 메스너 형제에 의하여 새로운 루트가 개척되었음.

페터 하벨러 (Habeler Peter, 1942~)

오스트리아 칠러탈의 마이어호펜 출신의 가이드 겸 스키 교사. 매우 유능한 클라이머로서 또한 고소에서도 능력을 잘 발휘할 수 있는 등산가로서 정평이 나있음. 예루파야·그랑데 북동벽, 엘·캐피탄 남서벽, 사라테 벽, 프레네이 측릉의 제4등, 그랑·피리에당글의 제3등, 마운트모랑 북벽, 테톤 산군, 록키 산맥에서 활약, 라인홀트 메스너와 함께 히든 피크 북서벽 초등반, 에베레스트 무산소 초등정.

펜듈럼트래버스 (Pendelquergang, 영 : pendulum traverse)

손잡이, 발디딤 없는 암장을 횡단하는데 가능한 상부의 크랙에 박은 하켄에 자일을 매달아 잡아당기면서 진자가 움직이는 것처럼 다음 확보지점으로 가로질러 가는 등반기술.

푸르체타 또는 푸르케타 (Furchetta)

이탈리아 돌로미테의 가이슬러 산군에 있는 높이 3,027미터의 산. 푸르체타 북벽은 1925년 에밀 졸레더와 프리츠 비스너에 의해서 초등반되었음. 동계 초등반은 1967년 하인리히 메스너와 라인홀트 메스너가 이룩했다.

푼차크자자 (Puntjak Djaja)

인도네시아령의 서부 뉴기니아 카르스텐스 산군에 위치한
높이 약 5,000미터의 봉우리. 초등정은 1964년 인도네시아
육군 원정대가 했으며, 북벽의 초등반은 1971년 라인홀트
메스너가 단독으로 했음.

프루직매듭 (Prusik-Knoten)

오스트리아의 등산가 칼 프루직 박사에 의해 고안된 매듭
법. 상하로 팽팽해진 주자일에 가는 슬링을 이중 삼중 감아
서 죄어 만든 매듭.

프리츠 마슈케 (Maschke Fritz)

가구 상인. 아이거 북측릉 초등반. 해외의 여러 산에서도
활약. 베르너오버란트에서는 서바이벌 테스트를 행한 바
있음.

프리츠 비스너(Wiessner Fritz, 1900~)

독일 드레스덴 출신. 엘프잔트슈타인의 클라이머로 후에
미국에 귀화함. 플라이슈방크 남동벽 초등반, 푸르체타 북벽
초등반, 1932년 낭가 파르바트 원정대 대원. 1939년 단신
무산소로 K2의 약 8,500미터에 도달. 또한 미국에서 수많은
초등반을 이룩했음.

프리츠 잠브라 (Zambra Fritz)

동부 티롤 출신의 실업가. 그랑드조라스의 워커측릉, 캄파니
레. 코미치 북벽. 치베타 북서벽, 그로세 친네 북벽의 졸레더
루트 등정. 1970년 리엔츠의 동부 돌로미테에서 조난사.

플랫폼 (Plattform, 영 : platform)

비탈진 암벽에 수평으로 단락(段落)을 이루고 있는 대지
(台地).

피아츠기술 (Piaztechnik)

凹凸이 없는 크랙이나 크랙과 비슷한 디에드르를 오를 때
사용하는 기술로서 양손을 크랙의 틈새기에 걸고 역압을
이용하기 위하여 양다리를 암벽에 받쳐 버티어가며 오르는
등반법. 돌로미테 가이드 출신이었던 피아츠가 처음으로
이 기술을 구사하였다 하여 피아츠 기술이라고 명명하고
있음.

피켈 (Pickel)

지팡이로서 빙벽등반이나 설벽등반에 있어서 확보용, 스텝커
팅 등에 사용되는 등반용구.

〈ㅎ〉

하이니 홀처 (Holzer Heini, 1945~)

메란 근방의 쉐나출신. 굴뚝 청소부. 마르몰라타돔브레타의
비아이데알레 제2등, 슈무크 침니 단독 초등반, 치마·테라·
누오바 북서벽 초등반, 몬테아니에르 북서벽 직등루트 초등
반, 로트반트, 아이젠슈텍헨 동계초등반. 최근 수년간에 행한
험준한 대설벽에서의 스키활강은 큰 화제를 불러일으켰다.
오르틀러·쉬크린네, 크리스탈로 북벽, 인너코플러·아이스린
네, 쾨니히슈피체의 북동벽 등을 등반.

하인를 메스너 (Hessenr Heinl / Heinrich, 1940~)

남티롤의 빌네스 출신의 농부. 푸르체타 북서벽 졸레더 루트의 동계초등반. 몬테아니에르 북벽과 북칸테의 동계초등반, 마르몰라타돔브레타의 비아이데알레, 오르틀러 북벽, 서부 친네의 스코이아톨리 칸테 등정.

하인리히 하러 (Heinrich Harrer, 1912~)

케른텐에서 태어남. 등산가, 탐험가, 저술가. 1938년 아이거 북벽 초등반. 1939년 낭가파르바트 원정 중에 제2차세계대전이 발발, 포로 수용소에 억류되었는데, 티베트로 탈출. 1962년 뉴기니아 원정. 그후 수많은 산행과 원정을 계속하고 있음.

하인츠 슈타인 쾨터 (Stein Kötter Heinz, 1939~)

1939년생으로 독일 쾰른 출신. 트리안트에서 독일어 교사. 크로츠 델라티시모의 리보나 루트 동계 초등반. 동 데타시스 루트 동계 초등반. 피조첸갈로 북벽 직등 루트 초등반 및 동계 초등반. 샤이데크베터호른 북동 측릉 제3등, 치마·마르게리타 북벽 초등반.

하켄 (Haken)

암벽용 하켄은 단철, 강, 경금속 등 여러가지 형태로 만들어져있음. 하켄은 가느다란 날의 본체와 구멍 또는 링을 단 머리부분으로 되어있으며 이 구멍에 카라비너를 끼워넣어서 매달 수 있게 되어있다. 인공등반에 있어 암벽의 크랙 등에 박고 자일 조작과 동작의 연결시 이용됨. 그러나 특히 자유등반을 하는 루트상에서는 확보용, 현수하강용으로 활용함.
대부분의 경우 루트상에 초등반자의 확보지점, 스탠스 지
점, 어려운 암벽 몇 군데에 하켄이 박혀있는 채로 남아있
다. 그렇지만 안전성을 고려, 클라이머는 자기의 하켄을 지참
하여야 함.

해먹 (Hängematte)

나일론줄로 만든 비박용 잠자리 그물. 험준한 암벽에 하켄을
박아 놓고서 그 하켄에 달아매고 비박할 수 있음(영 : ham-
mock).

핵심부 (Schlüsselstelle)

암벽루트에서 가장 어려운 곳, 즉 최난소(最難所). 이 핵심부
를 극복함으로써 등반전진을 속행할 수 있을 것이며 등반사
적인 의의부여도 할 수 있는 조건이 되는 것임.

헤드램프 (Stirnlampe, 영 : headlamp)

어둠 속에서도 등반이 가능토록 탄력성 있는 머리끈으로
헬멧에 부착, 밧테리로 불을 켜는 램프로서 등반장비의 하나
임.

헤르만 불 (Buhl Hermann, 1924~1957)

인스브루크 출신. 판매원, 산악가이드. 강연자 및 저술가로도
지냄. 당시 가장 훌륭하게 활약한 등산가. 낭가파르바트의
단독 초등정(1953년)으로 일약 세계적으로 유명해짐. 아이거
북벽. 워커측릉. 드류 서벽. 랄리더러 침봉 북벽 직등, 북부
칼크알프스에서 가장 어려운 피츠바딜레의 북동벽 단독 초등

정. 그에게 두번째의 8,000 미터급 봉이었던 브로드피크도
초등정, 이 브로드피크 초등정 직후, 초골리사에서 눈처마를
밟는 순간 추락하여 행방불명.

헬멧 (Steinschlaghelm, 영 : helmet)

낙석, 추락으로부터 머리를 보호하기 위하여 합성수지로
만든 특수모자.

헬무트 바그너 (Wagner Helmut, 1939~)

오스트리아 산악회 근무. 레·드루와드 북벽, 랄리더러 디에
드르 루트 동계 초등반, 랄리더러슈피체 북벽 직등루트 동계
초등반, 그랑드조라스의 워커측릉, 마터호른 북벽 등정.

협곡 (Schlucht)

어느 정도의 폭을 가지고 좁고 깊게 암벽이나 바위에 틈이
생긴 협곡, 양쪽 벽은 다소 넓은 측벽 또는 사면으로 되어
있으며, 대부분의 경우 암릉에서 카르 아래까지 협곡이 치닫
고 있음.

호흐파일러 (Hochfeiler)

오스트리아의 칠러탈 알프스에 있는 높이 3,510미터의 산.
북벽의 초등정은 1887년 F. 딕 박사와 H. 회르하거에 의하
여 이루어졌음.

화강암 (Granit)

단단한 장석 등으로 이루어진 심성암 (深成岩)(영 : granite).

역자의 말

　오늘날 우리나라의 산악계에서도 라인홀트 메스너는 비교적 널리 알려져 있다고 생각한다. 뿐더러 현재 한국등산연구소 대표 및 서독의 산악전문지「Der Bergsteiger」편집동인인 김영도(전 대한산악연맹 회장)께서 메스너의 역작「검은 고독, 흰 고독」「죽음의 지대」를 옮겼고, 역자가「제7급─극한등반(구판)」「도전」을 옮겨 우리나라에 소개한 바 있다.

　그의 등반활동과 작품을 살펴보면 젊은 날의 초기와 지금의 성숙기로 나눌 수 있다고 보는데, 각기 나름대로의 특징과 특색을 지니고 있다.

　사실, 라인홀트 메스너의 피크는 '80년대를 주름잡았던 성숙기에 있다. '86년 그에게 마지막 남은 마칼루와 로체를 등정함으로써 히말라야 8,000미터급 거봉의 14개를 모두 오르고, '87년「Überlebt-Alle 14 achttausender」를 발표한 것을 일예로 들 수 있다. 그러나 오늘의 메스너가 있기까지에는 젊은 날의 등반활동, 작품에 온갖 정열을 쏟은 젊은 시절의 초기가 그 원천이 되었음은 재론할 필요가 없을 것이다.

이러한 점에서 그 원천을 잘 담아놓은 「모험으로의 출발 (Aufbruch ins Abenteuer, 1978)」을 수문출판사 이수용 대표 의 배려와 한국등산 연구소 소장(所藏)의 원문을 활용토록 허락한 김영도 소장의 도움과 조언으로 옮기게 된 것이다.

라인홀트 메스너는 타임즈지의 스포츠담당 런던 특파원을 지낸 바 있는 Ronald Faux가 그의 저서 「High Ambition : A Biography of Reinhold Messner」에서 금세기에 보기드문 최우수 등산가임과 동시에 위대한 등산가라고 격찬했듯이 그는 훌륭한 등산가 중의 한 사람임에는 틀림없다. 그는 1944년 북부 이탈리아 남티롤의 아이자크탈의 오지 빌네스에 서 태어났으며 어릴 때부터 일찍 등산을 시작, 고향의 산, 알프스의 고봉은 물론 세계 5대륙의 산과 산을 오르며 넓게 등산과 모험을 추구해 왔다.

40대 중반을 넘어선 지금 젊은 날에 비해 조금도 변함없이 등반활동, 해외원정, 강연, 저술활동을 계속하고 있으며 세계 산악계에 지대한 영향을 미치고 있다. 전술한 바와 같이 1970년 낭가파르바트의 루팔 벽 등정을 시작으로 1986년 마칼루, 로체의 등정에 이르기까지 10여 년 사이에 히말라야 8,000미터급 거봉 14개 모두를 등정했었다. 1972년 마나슬루 남벽의 단독등정, 1975년 히든 피크의 알파인 스타일의 등 정, 1978년 인류최초의 에베레스트 무산소등정, 같은 해 낭가 파르바트 디아미르 벽의 단독등정, 1980년 북벽으로부터의 에베레스트 단독등정, 1982년 한 해에 캉첸중가, 가셔브룸

Ⅱ, 브로드피크 등 3개의 거봉 등정, 1983년 초오유의 동계 등정, 1986년의 한 해에 마칼루, 로체의 거봉 2개를 등정하는 등, 그외 위업은 너무나도 눈부시다. 그러나 이러한 성과는 그의 1960년대와 1970년대의 초기활동이 그 원천이었음은 이미 지적한 바 있다.

어디까지나 고전적 자유등반 — 이 한계가 오르면 오를수록 하드프리의 영역에 직결됨은 물론이다 — 의 전통을 지키면서 인공적 보조수단의 동원을 요하는 인공등반을 적극적으로 지양하여 순수 알피니즘의 영역을 보다 높게 고양함으로써 현대 산악계에 전위적인 역할을 크게 하고 있다.

현대사회는 모든 분야가 시시각각으로 변화하며 발전하고 있듯이 산악계 역시 예외일 수는 없다. 오늘날의 등반양식은 정말 다양화되고 있으며 이것들을 추구하는 사람 또한 그 수에 있어서 대단히 많다. 이제는 제 아무리 하여도 한 사람이 모든 것을 커버할 수 없듯이 라인홀트 메스너가 모든 것을 대변할 수는 없지만 그의 진폭이 크다는 사실을 부인할 수는 없을 것이다.

또한 그 저술활동을 살펴볼 때 타의 추종을 불허할 만큼 좋은 작품들을 많이 발표하고 있다. 대부분의 경우 원정의 대산행을 마치면 그때마다 글을 발표하고 있는 것이다. 그의 저술은 거의 등반과 모험을 소재로 하여 인간의 심오한 생각의 세계를 표현하고 있는바, 흔히 말하는 기록 기행 위주의 산 책과는 다르다는 점을 쉽게 발견할 수 있을 것이다. 말하자면 그가 책을 씀에 있어 단순한 등반기록만을 쓰는 것이 아니며 이 영역을 넘어서 그의 세련된 센스와 글의 표현을 구사하여 문학적이며 철학적인 내면적 인생관을 여러 가지 관점에서 전개함으로써 독자의 마음에 와닿게 하는 리듬을 주고 있으며 이러한 점이 더욱 매력이다.

이 「모험으로의 출발」은 5대륙의 산과 산에 그의 발자국을 넓게 남긴 메스너가 고향에서의 어린 시절부터 산을 오르기 시작하여 마침내 안데스, 히말라야의 고봉에 이르기까지 젊은 날의 경험과 생각을 말하면서 자기의 산에 대한 철학과 문학을 묘사한 것으로 산악인에 대한 동반자적 역할을 하고 있다.

그는 산악 기록적 기행문학을 보다 행동문학, 나아가서 실천문학의 영역으로 산악문학을 끌어올리는데 전위적인 역할을 하고 있다. 이러한 집필활동이 인정되어 일찍이 1968년 젊은 시절에 산의 문학상 '프레미·몬디'를 받았으며 1975년에는 트렌트 페스티발에서 트렌트·알드·아디지에 보험협회의 문학상, 나아가서 1976년에는 '독일 산악회 문학상'을 받았다. 따라서 그의 외적 등반활동 뿐만이 아니라 그의 내면 세계를 함께 음미하면서 독자 제위의 세계와 견주어 보는 것도 도움이 되리라 생각된다.

끝으로 수문출판사 이수용 대표 및 관계자 여러분 그리고 한국등산연구소 김영도 소장께 심심한 사의를 표한다.

金聲振

서울대학교 공과대학 졸업
인스브루크 등산학교에서 연구활동
전 바자울 대표
現 대한산악연맹 이사
〈역서〉제7급(라인홀트 메스너)
내 청춘 山에 걸고(우에무라 나오미)
도전(라인홀트 메스너)

世界山岳
名著選 11

모험으로의 출발

지은이 · 라인홀트 메스너
옮긴이 · 김성진
펴낸이 · 이수용
펴낸곳 · 秀文出版社

1990년 1월 10일 초판인쇄
1990년 1월 15일 초판발행
출판등록 · 1988. 2. 15. 제7-35호
132-033 서울 도봉구 쌍문3동 103-1
민회) 906 0707·904-4774